INTERPRETATIONSHILFE ENGLISCH

Bernard MacLaverty

Cal

Interpretiert von
Dieter Ulm

STARK

Bildnachweis
Umschlag: © IFA-Bilderteam/Bumann
S. 3: © Jude MacLaverty
S. 13: © cartomedia-Karlsruhe
S. 18: © defd – pwe Verlag GmbH
S. 25: © Cinetext Bildarchiv
S. 31: © defd – pwe Verlag GmbH
S. 51: © Volker Juds

ISBN: 3-89449-759-9

Inhalt

Autor: Dieter Ulm

Vorwort

Liebe Schülerinnen, liebe Schüler,

diese Interpretationshilfe ermöglicht Ihnen ein umfassendes Verständnis von Bernard MacLavertys Nordirlandroman *Cal* und unterstützt Sie bei der Lektüre ebenso wie bei der Vorbereitung auf Klausuren oder Prüfungen.

Der erste Teil informiert über **Leben und Werk des Autors** und den **biografischen Hintergrund** der Romanentstehung. Die **Inhaltsangabe** hebt alles Wesentliche hervor und hilft Ihnen, den Text zu überblicken. Das Kapitel „Textanalyse und Interpretation“ enthält ausführliche **Charakterisierungen der Personen**, Analysen von **Form, Erzählstruktur, Sprachstil** und **Symbolik**, eine **Beschreibung des Nordirlandkonfliktes** im Kontext des Romans, sowie **Interpretationen von Schlüsselstellen**. Im letzten Teil werden die Besonderheiten der Verfilmung dargestellt und mit der Romanfassung verglichen. Einige **weiterführende Literaturangaben** schließen das Buch ab.

Ich wünsche Ihnen interessante Einblicke und viel Erfolg bei der Beschäftigung mit MacLavertys Roman.

Dieter Ulm

Dieter Ulm

Einführung

Irland gibt dem außen stehenden Betrachter noch immer manches Rätsel auf. Schon Goethe klagte, man könne sich über den „irländischen Zustand“ nicht recht klar werden, und daran hat sich bis heute nur wenig geändert. Einerseits haben wir ein durch die Medien vermitteltes Bild vor Augen, das wunderschöne Landschaften, eine interessante Geschichte sowie Kunst und Kultur im Überfluss aufzuweisen hat. Andererseits sehen wir uns Widersprüchen gegenüber, die auf eine düstere Vergangenheit und schwer lösbare Gegenwartsprobleme hindeuten. Im Norden der geteilten Insel kommt es seit vielen Jahren zu blutigen Auseinandersetzungen. Zwar hat sich die Lage in jüngster Zeit beruhigt, aber es ist keineswegs ausgemacht, dass dies so bleibt.

Am ausgeprägtesten sind die Schwierigkeiten, die wir mit dem heutigen Irland haben, wenn es um die religiöse Dimension der dortigen Konflikte geht. Auch wenn man sich eingehend mit der historischen Entwicklung und den Ereignissen der letzten Jahrzehnte beschäftigt, bleiben viele Fragezeichen und der Eindruck vertieft sich, man verstehe nicht wirklich, was die Menschen bewegt. So ist nur schwer nachvollziehbar, dass es in einem zivilisierten europäischen Land einen religiös motivierten Fanatismus gibt, der sich immer wieder in schrecklichen Gewalttaten entlädt. Die Erklärung hierfür lässt sich nicht aus dem Studium der Fakten allein ableiten. Dazu bedarf es einer Innenperspektive, die Einsicht vermittelt in das Denken und Fühlen der betroffenen Menschen und in die konkreten Lebensumstände, von denen sie geprägt werden.

Bernard MacLavertys Nordirlandroman *Cal* kann dem Leser zu einer solchen Perspektive verhelfen. Ausgangspunkt ist die personale Erzählsituation, d. h. die Schilderung des Geschehens vom Standpunkt der Titelfigur aus. Cal ist durch seine Herkunft von den Auseinandersetzungen zwischen Katholiken und Protestanten unmittelbar betroffen. Da er zugleich über sympathische Charakterzüge und eine sensible Wahrnehmungsfähigkeit verfügt, kann der Leser sich mit ihm identifizieren und seine tragische Geschichte gleichsam von innen heraus miterleben.

Ergänzt wird diese Perspektive durch einige Nebenpersonen, die für verschiedene Bevölkerungsgruppen stehen und deren unterschiedliche Positionen verdeutlichen. Dadurch ergibt sich ein detailgetreues Bild einer innerlich zerrissenen Gesellschaft, ohne dass der Autor für die eine oder andere Seite Partei ergreift.

Allerdings bildet das Nordirlandproblem nur einen Teilaspekt des Romans. Eingebettet in diese Thematik ist eine spannungsreiche, von menschlichen Konfliktsituationen handelnde Liebesgeschichte, die von einem schweren Verbrechen belastet wird. Wie anderen irischen Erzählern geht es auch MacLaverty um Schuld und Sühne, Gelingen und Versagen, Hoffnung und Verzweiflung.

Nicht nur inhaltlich, sondern auch erzählerisch ist MacLaverty der großen Tradition der anglo-irischen Prosaliteratur verpflichtet. Trotz aller Überschaubarkeit der Form und Einfachheit des Stils erweist sich der Roman bei näherer Betrachtung als ein meisterhaftes Sprachkunstwerk. *Cal* eignet sich hervorragend als Einstieg in die Beschäftigung mit zeitgenössischer erzählender Literatur sowie als Anregung zur selbstständigen Erschließung literarischer Texte.

Autor, Werk, biografischer Hintergrund

Bernard MacLaverty

Bernard MacLaverty wurde am 14. September 1942 als Sohn katholischer Eltern in Belfast geboren und wuchs in einem mittelständisch geprägten, gemischtkonfessionellen Stadtviertel auf. Sein Vater, ein Gebrauchsgrafiker, starb, als der Junge zwölf Jahre alt war. Um für die Erziehung ihrer beiden Söhne aufkommen zu können, musste die Mutter eine Stellung als Verkäuferin annehmen. Bernard besuchte das *St Malachy's College*, eine konfessionelle, von katholischen Priestern geleitete Oberschule. Nach der Schulzeit absolvierte er eine Ausbildung als Labortechniker und arbeitete von 1960 bis 1970 in der medizinischen Abteilung der Belfaster *Queen's University*. In dieser Zeit gehörte er einem von dem Kritiker Philip Hobsbaum geleiteten literarischen Arbeitskreis an, wo er andere angehende Schriftsteller kennen lernte und Anregung und Ermutigung für das eigene kreative Schreiben erfuhr. Nachdem er 1967 geheiratet hatte, entschloss er sich zu einem geisteswissenschaftlichen Studium (Englisch, Philosophie und Russisch), das er mit einem *B.A. (honours)* in Englisch beendete. Auf dem Höhepunkt der nordirischen Unruhen verließ er 1975 seine Heimat und siedelte mit seiner Familie, zu der inzwischen vier Kinder gehörten, nach Schottland über. Hier unterrichtete er zunächst an der *St Augustin's High School* in Edinburgh und dann auf der vor der schottischen Westküste gelegenen Insel Islay. Anfang der achtziger Jahre gab er seine Lehrtätigkeit auf und ließ sich als freier Schriftsteller in Glasgow nieder.

MacLaverty gilt als einer der führenden Vertreter der zeitgenössischen anglo-irischen Literatur. Er ist Inhaber zahlreicher Auszeichnungen und war von 1983 bis 1985 Gastautor *(writer-in-residence)* an der Universität Aberdeen. Sein Werk besteht im Wesentlichen aus Kurzgeschichten und Romanen, von denen er einige für Radio bzw. Fernsehen und Film bearbeitet hat. Während er in Deutschland vor allem durch den Roman *Cal* bekannt ist, wird er in Großbritannien hauptsächlich wegen seiner Kurzprosa geschätzt. Zu seinen Vorbildern zählen u. a. James Joyce und Ernest Hemingway.

MacLavertys Kurzgeschichten sind in vier Sammelbänden erschienen: *Secrets* (1977), *A Time to Dance* (1982), *The Great Profundo* (1987) und *Walking the Dog* (1994). Auch die frühen Kurzromane *Lamb* und *Cal* sind in mancher Hinsicht der irischen Shortstory-Tradition verpflichtet. In *Lamb* (1980) ist die Hauptperson ein als Lehrer an einer katholischen Erziehungsanstalt arbeitender junger Ordensbruder, der versucht, einen seiner Zöglinge vor der Willkür des sadistischen Anstaltsleiters zu schützen. Der aus Liebe zu dem Jungen geborene Entschluss, ihn zu entführen, endet in einem ausweglosen Konflikt. *Cal* (1983) ist bis heute MacLavertys erfolgreichstes Buch. Trotz unterschiedlicher Bewertungen im Einzelnen lobten die meisten Kritiker die authentische Schilderung des Nordirlandkonfliktes. Der Roman wurde schon bald nach seinem Erscheinen nach einem Drehbuch des Autors verfilmt. Beim Cannes Filmfestival 1984 erhielt Helen Mirren für ihre Darstellung der Marcella den Preis für die beste weibliche Hauptrolle. Der Erfolg des Films trug wesentlich zur Verbreitung des Buches bei und verhalf dem Autor zu internationaler Anerkennung.

Grace Notes (1997), der dritte Roman, gilt als MacLavertys bedeutendstes Werk. Es ist die Lebensgeschichte von Catherine McKenna, einer jungen Frau, die gegen innere und äußere Widerstände versucht, ihren Weg als Komponistin zu gehen. Bemerkenswert ist das Einfühlungsvermögen, mit dem der Autor die Psyche der Hauptperson dargestellt hat. Ebenso meisterhaft sind die Schilderungen musikalischer Schaffensprozesse. (Seine Nähe zu klassischer Musik hat MacLaverty auch in einer von ihm moderierten Hörfunkreihe der *BBC Scotland* bewiesen, die ebenfalls den Titel *Grace Notes* trug.) Der Roman erhielt mehrere Auszeichnungen und wurde von den Juroren des renommierten Booker-Preises in die Endauswahl einbezogen. Beim Hay-on-Wye Literaturfest 2004 wurde *Grace Notes* in die Liste der fünfzig repräsentativen zeitgenössischen Romane der Weltliteratur aufgenommen.

Ein stark autobiografisch geprägter vierter Roman erschien 2001 unter dem Titel *The Anatomy School*. Der erste Teil ist eine im Belfast der sechziger Jahre angesiedelte Schulgeschichte. Die Hauptfigur, der siebzehnjährige Martin Brennan, ist Cal in vielem sehr ähnlich, hat jedoch nicht direkt unter dem konfessionellen Konflikt zu leiden. Zusammen mit seinen Freunden Blaise Foley und Kavanagh lehnt er sich gegen die Lehrerautorität und die katholische Erziehungspraxis seiner Schule auf. Der zweite Teil spielt in einem medizinischen Labor der *Queen's University* und schildert die Ereignisse einer einzigen Nacht. Brennan, der inzwischen Laborassistent geworden ist, hat eine flüchtige, aber intensive Begegnung mit einer jungen australischen Besucherin und vollendet damit den Prozess des Erwachsenwerdens. Verglichen mit den ausweglosen Lebenslagen, in denen sich die Protagonisten von *Lamb* und *Cal* am Ende der jeweiligen Romane befinden, weisen *Grace Notes* und *The Anatomy School* versöhnlichere Schlussperspektiven auf.

Die in Nordirland verbrachten Lebensjahrzehnte bilden den biografischen Hintergrund von MacLavertys literarischer Produktion. In der Regel stammen seine Charaktere aus katholischen Familien und besuchen konfessionelle Schulen. Der Autor steht der katholischen Erziehung, wie überhaupt der irisch-katholischen kirchlichen Tradition, durchweg kritisch gegenüber. In den meisten Fällen leiden seine Romanfiguren unter der Enge ihres katholischen Milieus. Nicht selten haben sie ihren christlichen Glauben verloren oder bewusst aufgegeben. Auch mit der repressiven Sexualmoral und einer damit zusammenhängenden Frauenfeindlichkeit des von ihm erlebten Katholizismus geht MacLaverty ins Gericht.

Nordirland, vor allem die nähere Umgebung von Belfast, liefert die Schauplätze, auf denen sich MacLaverty besonders zu Hause fühlt. Hier erlebte er die gewalttätigen Ausschreitungen der frühen siebziger Jahre aus unmittelbarer Nähe mit. Die damals gemachten traumatischen Erfahrungen haben sich in einer überwiegend skeptischen Sichtweise seiner Bücher niedergeschlagen. Besonders in den frühen Romanen und Erzählungen herrscht eine düstere Grundstimmung vor. Fast immer ist das Nordirlandproblem im Hintergrund gegenwärtig. Allerdings ist *Cal* der einzige Roman, in dem die so genannten *Troubles* direkt in die Handlung einbezogen werden. Hier sind fast alle Personen von den Unruhen betroffen.

MacLaverty betrachtet es nicht als seine Aufgabe, zu den Ereignissen in seiner Heimat politische Bewertungen abzugeben. Es geht ihm auch nicht um Schuldzuweisungen an die eine oder andere der Konfliktparteien. Er kritisiert vielmehr die Anwendung von Gewalt zur Durchsetzung von Herrschaftsansprüchen auf allen Seiten. Seiner ablehnenden Haltung zum bewaffneten Kampf der IRA steht eine ebenso ablehnende Einstellung zu den protestantischen paramilitärischen Organisationen gegenüber.

Sein schriftstellerisches Credo erwächst aus dem Bedürfnis, dem unversöhnlichen Konfrontationsdenken eine Alternative der Mitmenschlichkeit und Toleranz entgegenzusetzen. Seine Arbeit sei „a plea for respect and love", bekennt er in einem Interview, und auf die Frage, wie er sich die Zukunft Irlands vorstelle, meint er: "I suppose I have a vision of a place where people don't kill each other because of their origins."[1] Freilich weiß er auch, dass der Weg dahin noch weit ist, und das erklärt den pessimistischen Grundton seines Werkes. Leid und Hoffnungslosigkeit seiner Charaktere sind aber zugleich ein Aufruf zur Überwindung von Hass und Engstirnigkeit.

Inhaltsangabe

1. Kapitel

Der neunzehnjährige Cal Mc Cluskey lebt mit seinem Vater Shamie in einer namentlich nicht genannten nordirischen Kleinstadt[2]. Vorübergehend hat er in einem Schlachthof gearbeitet, wo auch sein Vater beschäftigt ist. Weil ihm von dem Geruch übel wurde, musste er diesen Job aufgeben. Sein ehemaliger Schulfreund Crilly hat seine Stelle übernommen.

An einem Herbstmorgen sucht Cal den Schlachthof auf, um sich von seinem Vater Zigaretten zu borgen. Als er auf dem Heimweg in seine Straße einbiegt, hängen überall noch britische Fahnen, obwohl der zwölfte Juli, der Tag der protestantischen Umzüge, längst vorüber ist. Cal empfindet dies als Bedrohung. Er und sein Vater sind die einzigen Katholiken des Viertels, die noch nicht aus Angst vor Repressalien weggezogen sind.

Zu Hause zieht sich Cal auf sein Zimmer zurück und legt eine Schallplatte auf. Er ist oft allein, hört Musik oder spielt Gitarre. Nach einer Weile bringt der Postbote einen Brief, auf den er schon gewartet hat. Es ist der Scheck für sein Arbeitslosengeld. Er geht damit zur Post und lässt sich den Betrag auszahlen. Anschließend begibt er sich zur städtischen Bücherei. Hier ist es still und warm, ein guter Ort, um die Zeit totzuschlagen. Manchmal nimmt er auch Musikkassetten mit nach Hause.

An der Ausleihe sitzt eine ihm unbekannte junge Frau. Sie entspricht seiner Vorstellung von einer Französin und er schätzt sie auf Ende zwanzig. Als er hört, wie ein alter Mann sie mit Marcella anredet, wirkt der Name wie ein Schock auf ihn. Er verlässt die Bücherei und eilt nach Hause. Der Gedanke an diese Frau beunruhigt ihn. Er muss herausfinden, wer sie ist. Unter dem Vorwand, eine Kassette auszuleihen, kehrt er noch einmal zur Bücherei zurück. Die Frau bedient ihn mit routinemäßiger Freundlichkeit. Cal ist von ihren Bewegungen und ihrem Gesicht fasziniert. Er starrt sie an und versucht, aus ihrem Blick herauszulesen, ob sie wirklich die Marcella sein kann, mit der ihn eine schreckliche Erinnerung verbindet. Nach dem Abendessen erwähnt er dem Vater gegenüber ihren Namen. Shamie meint, es sei wohl Marcella Morton; man erzähle sich, sie habe wieder begonnen zu arbeiten. Cal weiß nun, dass es sich um die Frau handelt, an der er schuldig geworden ist. Was genau er sich vorzuwerfen hat, bleibt vorläufig offen.

Who's Who?

Katholiken	Cal Mc Cluskey	neunzehnjähriger, sensibler junger Mann ohne Arbeit und Berufspläne
	Shamie	sein Vater, Metzger im Schlachthof
	Gracie	seine verstorbene Mutter
	Dermot Ryan	Shamies Vetter
	Crilly	Cals ehemaliger Schulkamerad, im Schlachthof angestellt, Mitglied der IRA
	Mrs Crilly	seine Mutter
	Finbar Skeffington	ein Lehrer, führendes Mitglied der IRA
	Marcella Morton, geb. D'Agostino	junge Frau italienischer Abstammung, Bibliothekarin
	Lucy	ihre kleine Tochter
Protestanten	Robert Morton	Farmerssohn aus wohlhabender Familie, war mit Marcella verheiratet, Vater von Lucy
	Mrs Morton	seine Mutter, verwaltet seit dem Tod ihres Sohnes die Farm
	Mr Morton	ihr Mann, Roberts Vater
	Cyril Dunlop	Farmaufseher bei den Mortons
	Prediger	namenloser religiöser Fanatiker

An einem der folgenden Tage sucht er erneut die Bücherei auf, um Marcella zu sehen und die Kassette zurückzugeben. Gegen Abend treibt ihn der Gedanke an sie wieder aus dem Haus. Er steht im Regen vor der Bücherei und beobachtet, wie sie herauskommt und mit ihrem Auto wegfährt. Zu Hause macht ihm sein Vater Vorhaltungen, weil er sich nicht um das Essen gekümmert hat. Das Gespräch kommt auf Crilly, der Cal noch am selben Abend zu sehen wünscht. Shamie hat Einwände gegen diesen Umgang seines Sohnes. Auch Cal mag Crilly nicht, der schon während der gemeinsamen Schulzeit den Ruf eines brutalen Schlägers hatte und inzwischen in die Aktivitäten der terroristischen Untergrundorganisation IRA verwickelt ist. Dennoch trifft er sich gegen neun Uhr mit Crilly in dessen Wohnung.

Dort erwartet ihn Finbar Skeffington, einer der Anführer der Organisation. Er eröffnet Cal, man brauche ihn als Fahrer bei einem Raubüberfall, den Crilly ausführen soll. Es geht darum, Geld für die Ziele der IRA zu beschaffen. Während Skeffington und Crilly die Einzelheiten besprechen, bleibt Cal auffallend schweigsam. Schließlich fragt ihn Skeffington, ob irgendetwas nicht in Ordnung sei. Cal erklärt ihm, er wolle aussteigen, und erwähnt Marcella Morton. Skeffington entgegnet, Opfer seien unvermeidlich und müssten nun einmal in Kauf genommen werden. Aus dem Gespräch geht hervor, dass sich diese Äußerungen auf die Ermordung eines Reservepolizisten beziehen. Skeffington warnt Cal, er werde sich in eine unangenehme Lage bringen, wenn er sich weigern sollte, der IRA weiterhin zur Verfügung zu stehen. Nach dieser Drohung erklärt sich Cal zur Teilnahme an dem geplanten Überfall bereit.

Am nächsten Abend steht er in der Nähe der Bücherei und wartet auf Marcella. Sie kommt mit einem Karton voller Lebensmittel heraus. Beim Überqueren der Straße fällt eine Schachtel zu Boden. Cal hebt sie auf und hilft beim Tragen. Er versucht, ein Gespräch mit Marcella anzufangen, aber nach ein paar freundlichen Dankesworten fährt die junge Frau davon. Zu Hause findet Cal einen von der militanten protestantischen Gruppe UVF unterzeichneten Zettel im Briefschlitz. Man droht ihm und Shamie damit, das Haus anzuzünden, wenn sie sich weiterhin weigern, in ein anderes Stadtviertel umzuziehen. Sogleich treffen die beiden Sicherheitsvorkehrungen. Shamie legt einen Revolver bereit, den er von Crilly für den Ernstfall erhalten hat, und Cal füllt die Badewanne mit Löschwasser. Beide bleiben wach, trinken Tee und unterhalten sich. Als alles ruhig bleibt, gehen sie nach einiger Zeit zu Bett. Cal kann nicht einschlafen. Er muss an Marcella denken und an seine Mutter, die gestorben ist, als er acht Jahre alt war. Als er gegen Morgen endlich Schlaf findet, hat er einen furchtbaren Albtraum.

2. Kapitel

Am Sonntagmorgen hat Cal den Gottesdienst verschlafen, erreicht aber die Kirche im Nachbarort Magherafelt noch rechtzeitig zu Beginn der Messe. Während der Kommunion entdeckt er Marcella Morton in der Menge. Sie hat ein kleines Mädchen bei sich und bemerkt ihn nicht. Er ist überrascht, sie in einem katholischen Gottesdienst zu sehen, denn er weiß, dass sie mit einem protestantischen Farmer verheiratet war. Beim Verlassen der Kirche wird er im Gedränge gegen sie geschoben und berührt mit der Hand ihre Hüfte. Das Gefühl, ihren Körper gespürt zu haben, beschäftigt ihn noch, als er sie mit dem Kind davonfahren sieht.

Nachmittags besucht Cal ein irisches Fußballspiel im Stadion von Clones, einer Stadt auf der anderen Seite der Grenze. Jedes Mal, wenn er in die Republik hinüberwechselt, kommt es ihm vor, als sei er der Finsternis der protestantischen Provinz Ulster entflohen und im eigentlichen Irland angekommen. In der Halbzeitpause spricht ihn Skeffington an. Cal verhält sich abweisend und wiederholt, dass er aussteigen möchte. Skeffington bekräftigt seine Warnung und deutet an, dass Cal etwas zustoßen könnte.

Where does it happen?

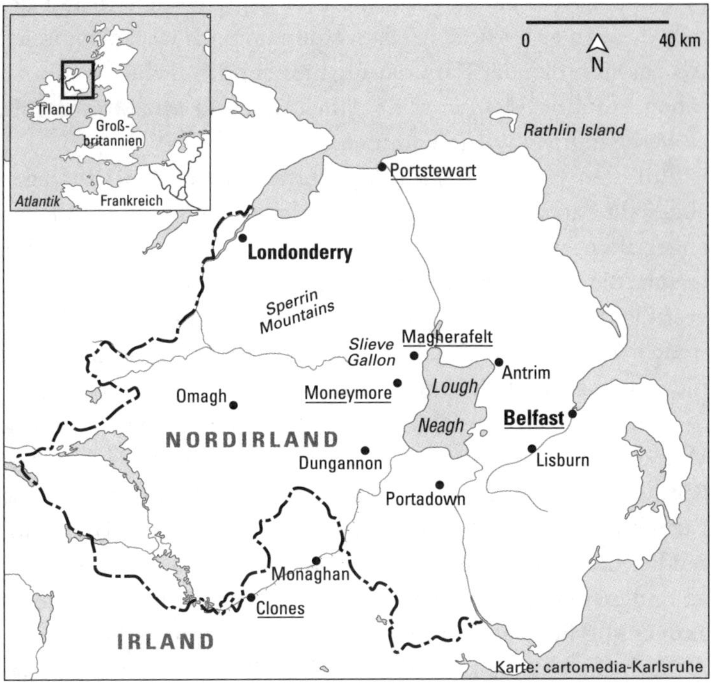

Schauplätze und im Roman erwähnte Orte (unterstrichen)

Die nächste Woche kommt ihm wie die längste seines Lebens vor. Er wartet angespannt darauf, dass Crilly sich meldet. Am Wochenende teilt ihm sein Vater mit, er habe von einem Bekannten ein paar alte Baumstämme erworben, die man zersägen und verkaufen könne. Nach Feierabend machen sie sich an die Arbeit. Am nächsten Tag belädt Cal den vom Schlachthof ausgeliehenen Lastwagen und fährt damit zur Farm der Mortons in der Nähe von Magherafelt. Er klingelt an der Haustür in der Hoffnung, Marcella werde ihm öffnen. Stattdessen erscheint eine hoch gewachsene, grauhaarige Frau. Sie besichtigt das Holz und ist bereit, es zu kaufen, möchte aber, dass Cal die Klötze stapelt und, soweit nötig, zerkleinert. Er beginnt sogleich mit der Arbeit, denn er hofft, Marcella werde bald nach Hause kommen. Als bei Einbruch der Dämmerung immer noch nichts von ihr zu sehen ist, unterbricht er seine Arbeit und teilt Mrs Morton mit, er werde morgen wiederkommen.

Auf dem Heimweg vom Schlachthof, wo er den Lastwagen abgestellt hat, wird Cal in der Dunkelheit von drei Jugendlichen angegriffen und verprügelt. Er vermutet, dass es diese drei waren, die den Zettel mit der Drohung durch den Briefschlitz gesteckt haben. Es gelingt ihm zu fliehen, bevor sie ihn zu Boden werfen können, aber er weiß, dass er das nächste Mal nicht so glimpflich davonkommen wird.

Am folgenden Tag schläft er bis weit in den Morgen hinein. Von der harten Arbeit des Vortages und der Prügelei hat er Schmerzen am ganzen Körper. Nachmittags fährt er wieder zur Farm hinaus. Diesmal steht Marcellas Wagen vor der Tür. Während er das Holz spaltet, spricht ihn der Aufseher Cyril Dunlop an und erkundigt sich, wer er sei. Dunlop ist Cal und Shamie als aktives Mitglied des protestantischen Oranierbundes bekannt.

Nach einer Weile kommt das kleine Mädchen angelaufen, das Cal schon in der Kirche gesehen hat, und kurz darauf tritt auch Marcella aus dem Haus. Sie geht auf ihn zu und wechselt ein paar Worte mit ihm, bevor sie die Kleine ins Haus zurückbringt. Einige Zeit später, Cal ist inzwischen mit der Arbeit fertig, erscheint Mrs Morton und fordert ihn auf hineinzukommen. In der Küche bietet sie ihm ein Bier an und zahlt ihn aus. Als sie erfährt, dass er arbeitslos ist, fragt sie ihn, ob er bei der Kartoffelernte helfen wolle. Cal ist einverstanden. Beim Hinausgehen hört er im Flur, wie jemand einen furchtbaren Hustenanfall hat. Mrs Morton lässt Cal stehen und kümmert sich um den Kranken. Als sie zurückkommt, sagt sie, ihr Mann sei bei dem Mord an ihrem Sohn durch Schüsse in Lunge und Hals schwer verwundet worden.

Kurze Zeit später wird Cal frühmorgens von einem Lastwagen abgeholt und zur Farm gefahren. Drei Tage lang arbeitet er in einer Kolonne auf dem Kartoffelacker. Es ist eine eintönige und schmutzige Tätigkeit, zumal dann und wann ein feiner Nieselregen niedergeht, aber nach einer Weile fühlt er, wie die Arbeit ihn von seinen Sorgen ablenkt. Als die Ernte beendet ist und Mrs Morton Cal den Lohn auszahlt, bietet sie ihm einen Job auf der Farm an. Er akzeptiert sofort, denn er hat insgeheim auf dieses Angebot gewartet.

3. Kapitel

Als Cal nach Hause kommt, teilt Shamie ihm mit, Crilly wünsche ihn zu sprechen. Von diesem erfährt er, dass der geplante Überfall noch am selben Abend stattfinden soll. Mit einem geliehenen Wagen fahren die beiden zu einem Waldstück, wo Crilly zwei Pistolen versteckt hat. Eine ist für Cal bestimmt, der sich aber weigert, die Waffe anzunehmen. Tatort ist ein Spirituosenladen in Magherafelt. Cal bleibt im Wagen sitzen und beobachtet, wie Crilly, getarnt mit Schal und Sonnenbrille, das Geschäft betritt. Nach ein paar Minuten – Cal kommt die Zeit wie eine Ewigkeit vor – stürzt Crilly mit einer Plastiktüte auf die Straße, rennt zum Auto und schwingt sich auf den Beifahrersitz. Mit Cal am Steuer rasen sie davon.

Der Überfall ist nach Plan verlaufen. Die wenigen Kunden im Laden hat Crilly mit der Pistole in Schach gehalten. Sie lassen das Auto im Wald stehen – sein Besitzer soll es später als gestohlen melden – und fahren mit Cals Kombiwagen zum Haus von Finbar Skeffington. Dieser empfängt sie an der Eingangstür und nimmt die Plastiktüte mit dem Geld entgegen. Er bittet sie in den Salon, wo er ihnen seinen Vater vorstellt, einen gebrechlichen alten Mann, der offensichtlich an Altersschwachsinn leidet. Man zählt das Geld und Skeffington gratuliert ihnen zu der Summe. Er fragt Cal, ob er sich noch immer der großen Sache verweigern wolle, und hält ihm einen Vortrag über Notwendigkeit und Berechtigung des Kampfes gegen die britische Besatzungsmacht.

Am folgenden Montag tritt Cal seine Stelle auf der Farm an. Er wird von Cyril Dunlop eingewiesen, der zwar beteuert, keine Vorurteile gegen Katholiken zu haben, ihn aber deutlich spüren lässt, dass er eigentlich unerwünscht ist. Obwohl Cal sich nun den ganzen Tag über auf der Farm aufhält, bekommt er Marcella nur selten zu sehen. Daher sucht er eines Abends die Bücherei auf, stöbert in Zeitschriften und Büchern und lässt sich von ihr bei der Auswahl von Lesestoff beraten. Um sie zu beeindrucken, leiht er einen anspruchsvollen Roman aus. Als er auf dem Heimweg von weitem einen Feuerschein über seinem Wohnviertel sieht, weiß er sofort, dass das eigene Haus in Flammen steht. In der Menschenmenge entdeckt er seinen Vater, zusammengesunken auf einem Stuhl hockend. Cal spricht ihn an und Shamie greift mit zitternden Händen nach ihm. Er hat seinen Sohn noch im Haus geglaubt und beruhigt sich nun langsam, als er sieht, dass ihm nichts passiert ist.

Die folgende Nacht verbringen Vater und Sohn in der Wohnung von Shamies Vetter Dermot Ryan. Bevor sie sich schlafen legen, geht Cal noch einmal zum Haus zurück und holt Shamies Revolver aus dem verkohlten Schlafzimmer, damit die Polizei die Waffe nicht findet. Vor dem Einschlafen teilt Shamie seinem Sohn mit, dass Crilly wieder nach ihm gefragt habe. Cal überlegt, wo er sich vor Crilly und Skeffington verstecken könnte. Dabei fällt ihm ein verlassenes kleines Haus ein, das er bei der Arbeit auf der Farm gesehen hat. Er beschließt, sich dort so gut es geht einzurichten. Shamie soll Crilly sagen, Cal sei nicht aufzufinden, wahrscheinlich halte er sich in England auf.

Am nächsten Morgen wird Cal wie gewöhnlich von Cyril Dunlop in dessen Auto zur Farm mitgenommen. Den ganzen Tag verbringt er mit dem Ausmisten des Stalles. Während der Mittagspause besichtigt er heimlich die leer stehende Unterkunft. Er versteckt den Revolver unter dem Fußboden, um sich gegen Crilly zur Wehr setzen zu können, falls dieser ihn findet. Als Dunlop ihn am Nachmittag wieder zur Stadt zurückbringen will, sagt er, er werde diesmal von ein paar Freunden abgeholt. Bis zum Anbruch der Dunkelheit hält er sich in einem Pub auf, wo ihn niemand kennt. Als er in seinem neuen Zuhause ankommt, ist es stockdunkel. Er isst ein paar Brötchen und trinkt Bier dazu. Vom Fenster aus kann er das Farmhaus sehen. Einmal erscheint Marcellas Gestalt flüchtig hinter den Scheiben ihres Zimmers. Schließlich legt Cal sich auf den Boden, findet aber keinen Schlaf. Seine Sünde, wie er es nennt, lässt ihn nicht zur Ruhe kommen. Noch einmal sieht er das schreckliche Geschehen, das sich vor fast genau einem Jahr abgespielt hat, in allen Einzelheiten vor sich.

Damals war Crilly mit einem Auto vorgefahren und hatte Cal abgeholt. Um sich ein Alibi zu verschaffen, besuchten sie zunächst eine Tanzveranstaltung in der Stadthalle. Hier informierte Crilly ihn, worum es ging: Ein „Bulle“, ein Mitglied der Reservepolizei, sollte „erledigt“ werden. Sie hatten ein paarmal getanzt und waren dann mit einem gestohlenen Wagen zur Mortonschen Farm hinausgefahren. Cal war hinter dem Steuer sitzen geblieben und Crilly hatte an der Eingangstür geklingelt. Als Robert Morton öffnete, hob Crilly die Waffe hoch und schoss ihn in die Brust. Der Mann ging in die Knie, wobei er den Namen „Mar-cell-a“ herausschrie. Crilly jagte ihm eine Kugel durch den Kopf, feuerte noch dreimal in den Flur hinein auf den alten Mr Morton, drehte sich um und sprang ins Auto. Sie waren zurückgerast, hatten den Wagen auf einem unbebauten Grundstück abgestellt, mit Benzin übergossen und angezündet. Obwohl Cal sich hundeelend fühlte, waren sie noch einmal zum Tanzen in die Stadthalle gegangen, um dort gesehen zu werden. Auf dem Weg nach Hause war er sich vorgekommen, als trüge er ein blutiges Zeichen auf der Stirn.

Filmszene: Cal und Crilly verbrennen das gestohlene Tatfahrzeug nach dem Mord an Robert Morton

4. Kapitel

Cal richtet sich notdürftig in seiner Unterkunft ein. Immer muss er an Marcella denken. Die Schuld, die er durch seine Beteiligung an der Ermordung ihres Mannes auf sich geladen hat, lastet auf ihm. Obwohl er nun in ihrer Nähe wohnt, fühlt er sich weiter von ihr entfernt als zuvor. Eines Abends schleicht er zum Wohnhaus hinüber und beobachtet sie heimlich durch den Spalt eines halb offenen Badezimmerfensters. Der Anblick ihres Körpers verstärkt sein Verlangen, aber gleichzeitig verachtet er sich, weil er ihr nachspioniert.

In der folgenden Nacht wird Cal plötzlich durch laute Geräusche aus dem Schlaf gerissen. Jemand hat die Tür eingetreten. Er hört Schreie und das Stampfen schwerer Schuhe. Ein Kommando britischer Soldaten stürzt sich auf ihn. Man bringt ihn zum Wohnhaus hinüber. Dort stellt sich heraus, dass Mrs Morton, durch einen Lichtschein aus seiner Behausung aufgeschreckt, die Polizei benachrichtigt hat. Marcella bestätigt, dass Cal auf der Farm angestellt ist. Die Soldaten nehmen seine Personalien auf und rücken wieder ab. Mrs Morton macht ihm schwere Vorwürfe, weil er ohne ihr Wissen in das Nebengebäude eingezogen ist. Marcella nimmt ihre Schwiegermutter beiseite und bittet sie, ihn weiterhin in dem verlassenen Haus wohnen zu lassen. Nach einigem Zögern ist Mrs Morton einverstanden.

Am nächsten Tag hilft Marcella ihm, das leere Haus wohnlicher zu machen. Von der Farm holen sie ein Bett, Möbel und Geschirr und richten Küche und Wohnraum her. Cal macht ein Feuer im Kamin und kocht Tee. Während Lucy, Marcellas kleine Tochter, im Flur spielt, sitzen sie beisammen und reden. Marcella wirkt auf ihn aufgeschlossener als sonst. Sie erzählt von ihrer italienischen Familie, die in Portstewart ein kleines Strandcafé betreibt. Nach dem Besuch einer katholischen Oberschule hat sie in Glasgow studiert. Als sie hört, dass Cal durch den Brand seine gesamte Habe verloren hat, schenkt sie ihm ein paar Kleidungsstücke ihres Mannes. Cal ist nicht wohl bei dem Gedanken, die Kleider des Ermordeten zu tragen, aber da seine eigenen Sachen völlig verschmutzt sind und Marcella ihm anbietet, sie zu waschen, hat er keine andere Wahl. Etwas später suchen sie gemeinsam im Gestrüpp hinter dem Haus nach einer verrosteten Wasserpumpe und setzen sie in Gang. In der folgenden Nacht hat Cal wieder einen seiner furchtbaren Albträume.

Als Marcella am nächsten Abend Cals Wäsche zurückbringt, wirkt sie bedrückt. Nach anfänglichem Zögern spricht sie über ihr schwieriges Verhältnis zu Mrs Morton und ihrem schwer kranken Mann. Beide Schwiegereltern leiden unter dem Verlust ihres einzigen Sohnes. Marcella fühlt sich verpflichtet, bei ihnen zu bleiben, würde aber am liebsten mit Lucy fortgehen und irgendwo ein neues Leben anfangen. Cal versucht, sie zu trösten, und sie dankt ihm für sein Verständnis. Von nun an nimmt sie ihn jeden Sonntag mit zur Kirche. Sie sagt, es tue ihr gut, sich mit ihm zu unterhalten.

Während einer gemeinsamen Fahrt in Dunlops Auto macht dieser seinen Ressentiments gegen die Katholiken Luft. Cal hat den Eindruck, dass Dunlop sich über ihn ärgert, weil er das leer stehende Haus bewohnen darf. An diesem Abend besucht er seinen Vater, der noch immer bei Dermot Ryan wohnt. Als er das Zimmer betritt, sitzt Shamie völlig apathisch im Sessel. Er scheint innerhalb weniger Wochen um zwanzig Jahre gealtert zu sein. Cal redet ihm gut zu, aber Shamie beginnt zu weinen. Für ihn hat das Leben jeden Sinn verloren. Cal nimmt ihm das Versprechen ab, einen Arzt aufzusuchen. Danach trifft er sich mit Marcella in der Nähe der Bücherei und lässt sich von ihr zur Farm mitnehmen. Unterwegs kehren sie in einem Pub ein. Marcella genießt die ungezwungene Atmosphäre und erzählt ihm von ihren Problemen mit Mrs Morton und von ihrer Vergangenheit. Sie sagt, sie fühle sich in Cals Gegenwart jünger, und beklagt ihr zurückgezogenes Leben.

Am folgenden Wochenende, Cal ist gerade mit dem Ausbessern seiner Fenster beschäftigt, erscheinen Marcella und Lucy, um ihn zum Brombeerpflücken abzuholen. Es ist ein schöner Spätherbstnachmittag. Als wären sie eine glückliche Familie, schlendern sie zu dritt, Lucy an den Händen haltend, durch die Felder. Cal würde gern sein Gewissen erleichtern. Er fragt Marcella, ob sie schon einmal etwas wirklich Schlimmes getan habe, und sie erzählt, wie sie während der Schulzeit einen schüchternen Jungen, den sie eigentlich mochte, sitzen ließ, weil sich ihre Freundinnen über ihn lustig machten. Als sie die Gegenfrage stellt, ist es ihm unmöglich, seine Tat zu gestehen. Auf dem Rückweg zur Farm zerreißt plötzlich eine Detonation die Stille. Ein paar Felder weiter steigt Rauch in die Luft. Mutter und Kind eilen nach Hause, während Cal nachsieht, was geschehen ist. Auf der Weide liegen Teile einer Kuh, die auf eine Mine getreten ist. Die Muskeln zucken noch in dem blutigen Fleisch. Cal wendet sich ab und übergibt sich.

5. Kapitel

Die nächsten Wochen verlaufen ereignislos. Einmal besucht Cal seinen Vater, der durch seine Krankheit inzwischen arbeitsunfähig geworden ist. Marcella sieht er nur selten und dann meist in Gegenwart von Mrs Morton. Lediglich sonntags, wenn sie zusammen zur Kirche fahren, können sie miteinander reden. An einem Dezembertag steht ein Krankenwagen vor dem Farmhaus. Mr Morton wird in Begleitung seiner Frau nach Belfast gebracht, wo er operiert werden soll. Cal ist für ein paar Stunden allein im Haus der Mortons. Er geht die Treppe hinauf und findet Marcellas Zimmer. Beim Durchstöbern ihrer Sachen entdeckt er ihr Tagebuch und liest darin.

Marcella möchte in dem großen Haus nicht gern allein sein und lädt ihn zum Abendessen ein. Als Cal gegen acht Uhr erscheint, hat sie den Esszimmertisch festlich gedeckt und italienische Gerichte gekocht. Nach dem Essen sitzen sie am Kamin. Marcella erzählt von ihrer Vergangenheit. Cal wagt es, ihren Nacken zu berühren, und als er keinen Widerstand spürt, küsst er sie auf den Mund. Sie ist zuerst überrascht und lässt ihn gewähren, weist ihn dann aber zurück. Cal fühlt sich verletzt und obwohl Marcella ihn beim Abschied ihren Freund nennt, endet das Zusammensein mit einem Missklang. Er verbringt den Rest des Abends in seinem Pub und betrinkt sich.

In den folgenden Tagen schlägt das Wetter um. Es wird kalt und unfreundlich. Cal ist tagsüber mit dem Ausbessern der Weidezäune beschäftigt. Nach der Arbeit sitzt er in seiner Hütte und grübelt vor sich hin. Eines Abends beginnt es plötzlich zu schneien. Es dunkelt bereits, als Marcella an seine Tür klopft. Sie sagt, sie sei gekommen, um sich für ihr abweisendes Verhalten zu entschuldigen. Außerdem hat sie Whiskey und Gewürze mitgebracht und bereitet ein heißes Getränk zu. Als sie aneinander gelehnt auf dem Boden sitzen und Cal seinen Arm um Marcella legt, spürt er, dass sie ihn diesmal nicht abweisen wird. Kurze Zeit später schlafen sie miteinander in Cals Bett. Er ist sehr aufgeregt und kann gerade jetzt das Bild des Ermordeten nicht aus seinem Kopf verbannen. Marcella muss ihn beruhigen und ihm Zeit lassen, bis sich seine Nervosität gelegt hat.

Die Mortons werden erst in einigen Tagen zurückerwartet und so verbringen Cal und Marcella die Nacht zusammen im Farmhaus. Für Cal bedeutet das Zusammensein die Erfüllung seiner Wünsche und auch für Marcella ist die rücksichtsvolle Art, wie Cal sie liebt, eine neue Erfahrung. Sie gesteht ihm, dass sie bei ihrem Mann immer das Gefühl hatte, nur ein Fantasiegeschöpf zu sein. Auf seine Frage nach ihrer Beziehung zu Robert erzählt sie, dass er sie belogen und mit anderen Frauen hintergangen habe. Cal würde jetzt gern seine Tat beichten, findet jedoch auch diesmal nicht den Mut dazu. Sie reden bis spät in die Nacht hinein. Gegen Morgen, bevor Lucy aufwacht, stapft Cal durch den tiefen Schnee zu seiner Behausung zurück.

Am nächsten Tag fährt er mit Cyril Dunlop in die Stadt, um Weihnachtsgeschenke für Marcella, Lucy und seinen Vater zu kaufen. Von Dermot Ryan erfährt er, dass Shamie mit einer schweren Depression in eine Nervenklinik eingeliefert worden ist. Cal geht zur Bücherei und blättert in ein paar Zeitschriften. Plötzlich wird er von Crilly angesprochen, der ihn zu einem Regal führt und ein Buch herausnimmt. Er schlägt es auf und zeigt Cal die darin versteckte Brandbombe mit einem Zeitzünder. Cal wendet sich ab und will gehen, aber Crilly besteht darauf, ihn mit nach Hause zu nehmen. Während sie dort auf Skeffington warten, berichtet Crilly, dass Skeffingtons Vater von einem betrunkenen Jugendlichen angefahren und schwer verletzt worden sei. Zur Strafe habe er dem Jungen in Skeffingtons Auftrag mit einem Bolzenschussgerät aus dem Schlachthof beide Knie zertrümmert. Nach einer Weile erscheint Skeffington. Er wirkt gekränkt, beklagt sich über Cals Mangel an Vertrauen und beschuldigt ihn, ein Verräter zu sein. Mit einem Mal taucht die Polizei vor dem Haus auf. Die drei versuchen, durch den Garten zu flüchten. Dabei werden Skeffington und Crilly festgenommen. Nur Cal gelingt es, über das Nachbargrundstück zu entkommen. Von der nächsten Telefonzelle aus ruft er eine Polizeinummer an und gibt einen anonymen Hinweis auf das Versteck der Bombe. Nach zwei Stunden Fußmarsch erreicht er die Farm und wird von Marcella eingelassen.

Beide sind in einer Art Abschiedsstimmung. Cal gibt Marcella schon jetzt die Weihnachtsgeschenke. Sie essen zusammen zu Abend und lieben sich. Wieder ist Cal zumute, als müsse er Marcella endlich die Wahrheit gestehen. In der Nacht verlässt er sie und kehrt in seine Unterkunft zurück. Am nächsten Morgen, an Heiligabend, geschieht, womit Cal schon gerechnet hat: Polizisten erscheinen und nehmen ihn fest.

Textanalyse und Interpretation

1 Personen

Cal

Wie der Buchtitel schon verrät, ist Cal die zentrale Figur des Romans. Fast die gesamte Erzählung wird dem Leser durch den Filter seines Bewusstseins vermittelt. Ursprünglich hatte der Autor vor, zwei unterschiedliche Perspektiven, nämlich die Sichtweisen von Cal und von Marcella, nebeneinander zu stellen, beschloss dann aber, sich ganz in den jungen Mann hineinzuversetzen, um so die Atmosphäre jener Zeit besser zum Ausdruck bringen zu können: "[...] the whole of that trouble period, the nervousness, the fear – I tried to convey that by being inside this boy's head."[3] Cals subjektives Erleben spiegelt zugleich die gesamtgesellschaftliche Situation wider, in der er lebt. Seine Motive und Verhaltensweisen sind nur im Kontext der Nordirlandproblematik völlig zu verstehen.

Filmausschnitt: Cal (dargestellt von John Lynch)

Zu Beginn erscheint Cal als introvertierter, sensibler und von diffusen Ängsten beherrschter junger Mann, der mit seinem

Leben nicht allzu viel anzufangen weiß. Für eine positive Zukunftsperspektive fehlen ihm ein qualifizierender Schulabschluss und eine feste Arbeit. Seinen Job im Schlachthof hat er nach einer Woche aufgegeben, weil er den Blutgeruch nicht ertragen konnte. Manches in Cals Leben deutet auf psychische Probleme hin. Er ist übernervös, raucht ständig, leidet an Schlafstörungen und Magenbeschwerden, hat keine wirklichen Freunde und neigt zu selbstquälerischen Verhaltensweisen. Ein immer wiederkehrender Albtraum von einem jungen Mädchen, dessen Flucht vor ihm ein furchtbares Ende nimmt (siehe Interpretation von Schlüsselstellen, S. 67), lässt auf tief sitzende Schuldgefühle schließen.

Cals Kindheit war von Verlusterfahrungen überschattet. Sein älterer Bruder Brendan ist in den USA bei einem Autounfall ums Leben gekommen. Mit acht Jahren verlor Cal seine Mutter Gracie, eine fromme Frau, die großen Einfluss auf ihn hatte und mit deren plötzlichem Tod er sich lange nicht abfinden konnte. Als Kind musste er weinen, wenn er an sie dachte, und noch jetzt schnürt ihm die Erinnerung an sie die Kehle zu. Die Wärme und Geborgenheit, die sie ihm gab, hat er seitdem nie wieder empfunden. Noch immer ist er auf der Suche nach einem Zufluchtsort, wo er sich sicher fühlen kann wie einstmals in der Clanchattan Street, als er in der Küche schlafen durfte.

> *He had been ill once […] and they had moved his bed down beside the range. The fire door was usually kept open at night to keep the room warm and he would lie listening to his mother's voice talking to a neighbour or his father, feeling the heat from the fire on his face.* (S. 78)

In mancher Hinsicht ist die Mutter noch immer sein Vorbild. Ihre Frömmigkeit, ihre Selbstdisziplin, ihre Verlässlichkeit und ihr Fleiß sind Eigenschaften, die er bei sich selbst vermisst. Später, als er in Marcellas Nähe auf dem Bauernhof lebt, erinnert er sich:

His mother had ruled her own life with a hand of iron. She did everything she should do, getting up at seven and walking a mile to mass every day no matter what the weather [...] In Lent she took black tea and weighed her morsels of food on scales and for six weeks she wouldn't let a sweet cross her lips although she loved them. [...] She worked so her family would not want and Cal had never wanted while she was alive. (S. 105)

Das Verhältnis zu seinem Vater hat nie den gleichen Grad von Vertraulichkeit erreicht. Shamie ist ein wortkarger Mann, der nicht über Gefühle spricht. Nach dem Tod seiner Frau spürt er zwar, wie sehr der Sohn ihn braucht, und macht sich Sorgen um ihn, lässt ihn aber während der Pubertät mit seinen Schwierigkeiten allein und verstärkt so seine Unsicherheit. Nach dem Wegzug der übrigen Katholiken des Viertels werden die Mc Cluskeys zur Zielscheibe militanter Protestanten. Durch diese Bedrohung aufeinander angewiesen, entwickeln Vater und Sohn ein starkes Gefühl kameradschaftlicher Zusammengehörigkeit. Allerdings geht Cals Vertrauen zu Shamie nie so weit, dass er ihn in die Einzelheiten seiner Beteiligung an den Aktivitäten der IRA einweiht. Nach dem Brandanschlag auf das gemeinsame Haus besucht er ihn zwar, verheimlicht ihm aber seinen Aufenthaltsort und seine Lebensumstände.

Cals Religiosität ist ein Erbe seiner traditionellen irisch-katholischen Erziehung. Es ist für ihn selbstverständlich, an bestimmten kirchlichen Gewohnheiten festzuhalten. Sonntags nicht zur Messe zu gehen, käme ihm nie in den Sinn. Er liebt die äußeren Handlungen des Gottesdienstes, wie das Predigtritual, weil er dabei seine eigenen Gedanken ausblenden kann:

He settled back for the sermon. He liked this time. It was a time of comfort, of hearing but not listening. The noise of the words kept him from thinking his own black thoughts and yet the words themselves were not interesting enough to make him think of them. He was in a kind of warm limbo. (S. 36)

Mit den Inhalten der christlichen Botschaft kann Cal wenig anfangen. Soweit er überhaupt an Gott glaubt, verbindet er damit eher negative Vorstellungen. Gott ist für ihn keine liebende Vaterfigur, sondern eine rächende und strafende Instanz, von der er sich durch seine Sündhaftigkeit ausgeschlossen glaubt. Im Gottesdienst gilt das einzige Gebet, dem er mit Überzeugung folgen kann, seiner Mutter. Ihretwegen hält er an einer vagen Jenseitsvorstellung fest: "The only prayer he could say with any sincerity was for the soul of his mother, and yet he believed her to be in heaven and in no need of his efforts." (S. 36 f.)

Auch wenn Cal seinen christlichen Glauben weitgehend verloren hat, so hat er als Folge seiner irisch-katholischen Herkunft doch ein ausgeprägtes **Sündenbewusstsein** verinnerlicht. Der Gedanke, eine sündige Tat könne nur durch ein Sühneopfer vergeben werden, verfolgt ihn ständig. Immer wieder erinnert er sich an kirchliche Bußpredigten und ihre bedrohlichen Szenarien. Die Lebensgeschichten von Heiligen wie Matt Talbot oder Maria Goretti sind Beispiele, die ihm seine Verworfenheit vor Augen führen.

Durch die zufällige Begegnung mit Marcella Morton erhält Cals selbstquälerische Neigung neue Nahrung. Ein Jahr nach der Beteiligung an dem Mordanschlag wird er erneut mit seiner Tat konfrontiert. Damals hatte ihn ein Schuldgefühl erfasst, von dem er sogleich wusste, dass es ihn nie wieder loslassen würde: "He felt that he had a brand stamped in blood in the middle of his forehead which would take him the rest of his life to purge." (S. 89) Jetzt wird aus diesem Kainsmal eine offene Wunde. In sein Verlangen nach Marcella mischt sich der Wunsch nach Buße und Vergebung.

Mit der Inbesitznahme des verlassenen Hauses verbindet Cal die Hoffnung auf einen neuen Anfang: “He got a sense of a new life [...] He would discipline himself. He felt a surge of his own power to direct his life into whatever path he wanted.” (S. 106) Bei diesem Wunsch, seinem Leben eine neue Richtung zu geben, spielt der Gedanke an Marcella eine entscheidende Rolle. Cal versteht seine Liebe zu ihr als Teil einer Buße, durch die er sich mit seiner Vergangenheit aussöhnen möchte. Die Rekapitulation des Mordes am ersten Abend in der neuen Behausung ist der Versuch, vor sich selbst noch einmal Rechenschaft über das Geschehene abzulegen. In einer typischen Büßerhaltung auf Glasscherben am Boden liegend, wendet er den Blick nach innen und stellt sich die schrecklichen Bilder der Tat noch einmal in allen Einzelheiten vor. Er fühlt sich wie ein Mönch in einer Zelle, „not only deprived of light and comfort but, in the mood he was in, deprived of God.“ (S. 83) Marcella erscheint ihm in diesem Augenblick als Priesterin, von der er vergeblich die Absolution erwartet: “Marcella came to the window and with a gesture like a priestess pulled the heavy curtains together.” (S. 83)

In einer ähnlichen Situation erinnert Cal sich später an die Opfermystik seiner Mutter. Sie hatte ihm geraten, allen Kummer Gott als Opfer darzubringen: “It was her answer to everything, to turn pain and sorrow into a gift for God.” (S. 105) Da Cal seine Zweifel an Gott hat, sieht er in einem solchen Opfer keinen Sinn. Stattdessen setzt er seine Hoffnung auf Marcella: “Cal was unsure of God but it came to him that the gift of suffering might work without Him. To offer it not up but *for* someone.” (S. 105 f.) Nicht für Gott, sondern für Marcella zu leiden, ist für ihn der Weg zur Wiedergutmachung.

Es gehört zur tragischen Paradoxie von Cals Leben, dass seine Hoffnungen immer wieder an der Realität scheitern. Gerade in Augenblicken, in denen er der Verwirklichung seiner Glücksvorstellungen nahe zu sein scheint (z. B. beim Beerenpflücken mit Marcella und Lucy), wird er von der Erinnerung an terroristische Gewalt eingeholt. Je vertrauter sein Verhältnis zu Marcella wird, desto schwerer lastet seine Vergangenheit auf ihm und desto größer wird seine Angst, sich zu verraten. Bis zuletzt wünscht er nichts sehnlicher als Marcellas Verzeihung, schreckt aber immer wieder davor zurück, ihr die Wahrheit zu gestehen:

> *'I love you,' he said. As he said it he felt a new danger. The more he loved her, the more friendly he became with her, the more afraid he was that he would tell her what he had done. It was the one thing he wanted to talk to her about, to have her console him. He wanted to share his guilt with the person he had wronged. To commune with her and be forgiven.* (S. 141 f.)

Der Weg zur Vergebung ist für Cals traditionelles Sündenverständnis nur durch eine freiwillig ertragene, schmerzliche Strafe möglich. Darauf weist auch die Geschichte von Maria Goretti hin, die Marcella erzählt: "But I always thought", sagt sie, "the best part of it was at her canonization the guy who killed her, after doing twenty-seven years in prison, received communion side by side with Maria Goretti's mother." (S. 132) Die gemeinsame Kommunion, hier zu verstehen als Akt der Versöhnung mit dem Menschen, dem man durch ein Verbrechen geschadet hat, setzt in der Geschichte eine siebenundzwanzig Jahre währende Gefängnisstrafe voraus. Cals Fall liegt ähnlich. Auch ihm stehen Misshandlung und Haft bevor. Wenn es im letzten Satz des Romans heißt, „[he was] grateful that at last someone was going to beat him to within an inch of his life", so gilt diese Dankbarkeit dem Umstand, dass er nun endlich die Gelegenheit bekommen wird, ein rückhaltloses Geständnis abzulegen und das ersehnte Sühneopfer zu bringen.

Marcella

Marcella stammt aus der katholischen, aus Italien eingewanderten Familie D'Agostino und hat in Portstewart, einem Ferienort an der Nordküste, eine behütete Kindheit verbracht. Nach ihrem Studium war sie fünf Jahre mit Robert Morton verheiratet. Marcellas Eltern waren gegen die Verbindung mit einem Protestanten und so hat sie schon früh den Kontakt zu Familienmitgliedern und Bekannten verloren. Bei einem kürzlichen Besuch in Rom konnte sie sich kaum an die zahlreichen Verwandten erinnern, die sie dort traf. Das Verhältnis zu ihrem Mann und den Schwiegereltern war von Anfang an schwierig. Als Robert starb, war die Ehe praktisch schon gescheitert. Robert betrog Marcella mit anderen Frauen, war ein Trinker und Verschwender, hatte aber bei allem, was er tat, die Unterstützung seiner Mutter.

Filmausschnitt: Marcella (dargestellt von Helen Mirren)

Ein Jahr später hat Marcella wieder angefangen zu arbeiten, fühlt sich jedoch weiterhin einsam und unverstanden. Sie wohnt immer noch bei ihren Schwiegereltern, denn sie hat ihnen versprochen, sich um sie zu kümmern. Allerdings hat sie Gewissensbisse, weil sie diese Aufgabe nur widerwillig auf sich nimmt. Es fällt ihr schwer, mit der eigensinnigen Mrs Morton auszukommen und den kranken Mr Morton leiden zu sehen. Ähnlich wie Cal befindet sich auch Marcella in einer Lebenskrise. In dieser Lage wendet sie sich ihm zu, um auf andere Gedanken zu kommen. Sie schätzt seine Anteilnahme und unterhält sich gern mit ihm. Trotz unterschiedlicher Herkunft und bildungsmäßiger und sozialer Verschiedenheit besteht zwischen beiden ein intuitives Einverständnis, zu dem auch die gemeinsame katholische Religion beiträgt.

Auf Cal übt Marcella als Italienerin einen exotischen Reiz aus. Er ist fasziniert von ihrem fremdländischen Aussehen, „small and dark-haired with very brown eyes." (S. 12) Wiederholt prägt er sich Einzelheiten ihrer Erscheinung genau ein: „the arched insoles of her dark stockings", „the profile of her breast", „her tilted right foot". (S. 71 bzw. 73) Dass sie fast zehn Jahre älter ist, macht sie in seinen Augen auf eine besondere Art begehrenswert. Ihr inniges Verhältnis zu der kleinen Tochter betont ihre Rolle als Mutter. Sie bedeutet für Cal einen unbewussten Ersatz für etwas, das er durch den Tod der eigenen Mutter entbehren musste. Gleichzeitig erfüllt sie als Geliebte sein Verlangen nach der ersten sexuellen Begegnung. Die wenigen Augenblicke ungetrübten Zusammenseins mit ihr lassen ihn vorübergehend eine Alternative zu Hass und Gewalt erahnen und sind der einzige Ausgleich zur Hoffnungslosigkeit seines Daseins, der ihm vergönnt ist.

Shamie

Cals Vater ist ein schlichter, zurückhaltender Mann, dessen Blut nur dann in Wallung gerät, wenn man ihm seine Rechte streitig macht oder seinen Stolz verletzt. Als guter irischer Katholik teilt er die typischen Ressentiments gegen die Engländer. „England is rotten to the core", erklärt er seinem Sohn, als dieser von der

Möglichkeit spricht, dort Arbeit zu finden. (S. 32) Seine eigenen Erfahrungen mit einem Job in Wolverhampton haben ihn in dieser Meinung bestärkt. Wenn zum Abschluss des Fernsehabends die britische Nationalhymne erklingt und das Bild der Königin erscheint, schaltet er den Apparat aus.

Shamie genießt auch bei vielen Protestanten den Ruf, ein umgänglicher Mensch zu sein. Er versteht sich gut mit den Nachbarn, von denen ihm einige nach der Zerstörung seines Hauses ihre Sympathie bekunden. Sogar der überzeugte Oranier Cyril Dunlop unterhält sich oft stundenlang mit ihm und bezeichnet ihn Cal gegenüber als „a good man“. (S. 69) Shamies Urteil über den Oranierorden ist weniger positiv und entspricht seiner Meinung über England: “And believe me, Cal, that Orange Order is rotten to the core.” (S. 50)

Wenn Shamie unter Druck gesetzt wird, reagiert er mit hartnäckiger Entschlossenheit: “He was stubborn at the best of times but if he thought pressure was being applied to him he was ten times worse.” (S. 9) Der Drohung der UVF nachzugeben, kommt für ihn nicht infrage. In den Augen seines Sohnes ist diese Haltung naiv: “Cal knew that in his father’s mind it was all a bit like the Westerns he so liked to watch on TV – that he had right on his side and it was the baddies who would die.” (S. 29) Shamie hält an seinem Glauben an den Sieg des Guten fest, bis ihn der Brandanschlag eines anderen belehrt. Mit dem Verlust seines Heims bricht für ihn eine Welt zusammen. Er klammert sich zunächst an Cal, wie seine Reaktion unmittelbar nach der Katastrophe zeigt, muss aber erleben, dass dieser ihm auch nicht helfen kann. Die Wohn- und Lebensgemeinschaft der beiden löst sich auf; Shamies Kontakt zu Cal geht durch die räumliche Trennung verloren. Er wird depressiv und verliert am Ende mit seiner Arbeit auch seine psychosoziale Identität. „Too generous for his own good“, sagt Dermot Ryan von ihm (S. 144) und drückt damit aus, dass in einer von Hass und Zwietracht beherrschten Gesellschaft ein anständiger Mensch wie Shamie leicht zum unschuldigen Opfer wird.

Crilly

Crilly ist ein gewissenloser Tätertyp, der Gefallen daran findet, Angst und Schrecken zu verbreiten, und der auch vor Mord nicht zurückschreckt. Sein kurzer Auftritt zu Beginn des Romans liefert bereits deutliche Hinweise auf seinen Charakter. Der Schlachthof mit Blutgeruch und dem Krachen des Bolzenschussapparates ist die ihm gemäße Umgebung. Wenn er später mit dem gleichen Gerät dem jugendlichen Autodieb beide Knie zertrümmert, zeigt dies, dass für ihn die Grenzen zwischen dem Schlachten von Tieren und dem Töten bzw. Verstümmeln von Menschen fließend geworden sind.

Schon während der Schulzeit war Crilly bei den Mitschülern gefürchtet: "It was wise to be on the right side of him because he could be nasty when he wanted." (S. 18) Wer nicht sein Freund war, wurde rücksichtslos tyrannisiert. Cal erinnert sich noch genau, wie Father Durkin, der Religionslehrer, sich Crillys Hang zur Grausamkeit zunutze machte, als er ihn indirekt aufforderte, einen Schüler, der pornografische Bilder herumgezeigt hatte, nach Gutdünken zu bestrafen. Cal hat die Misshandlungen, die Crilly in seinem Beisein an dem armen Smicker vornahm, noch immer nicht vergessen. Auf Marcellas Frage, ob er jemals etwas Schlimmes getan habe, antwortet er: "We beat a guy up once – in the school toilet. I felt bad about that afterwards. Two to one." (S. 119)

Menschen wie Crilly, denen jedes Unrechtsbewusstsein fehlt, sind für die IRA unverzichtbar. Skeffington beschreibt ihre Rolle wie folgt: "If you have a war on your hands you send for he Mr Crillys of this world. The hard men and the bandits are the real revolutionaries." (S. 40) Seine Kaltblütigkeit und das praktische Geschick, mit dem Crilly alle Aufträge erledigt, machen ihn zum idealen Kämpfer für die republikanische Sache. Cal und seinen Vater stößt seine Wesensart ab, aber sie können es sich nicht leisten, ihn zum Feind zu haben. Nachdem Shamie von Crilly einen Revolver angenommen hat, werden von den Mc Cluskeys Gegenleistungen erwartet. Sie müssen ihr Haus für den Waffenschmuggel zur Verfügung stellen und Cal muss als Fahrer dabei mitwirken.

Bezeichnend für Crillys Charakter ist auch das Verhältnis zu seiner Mutter. Cal fällt bei seinen Besuchen auf, dass Mrs Crilly von ihrem Sohn nicht gerade rücksichtsvoll behandelt wird. Sie darf Tee servieren und den Gästen kurz ihre Aufwartung machen, wird dann aber wieder hinausgeschickt. Cal, der bei diesen Szenen an seine eigene Mutter denken muss, hat Mitleid mit ihr und behandelt sie stets höflich, während sie für ihren Sohn nur ein Dienstmädchen zu sein scheint.

Skeffington

Finbar Skeffington ist ein typischer Schreibtischtäter. Als Ideologe der Bewegung verkörpert er die intellektuelle Richtung innerhalb der IRA. Trotz seiner Bildung und seines kultivierten Lebensstils – er legt Wert auf gutes Benehmen und verabscheut Alkohol und Zigaretten – ist er nicht weniger brutal als Crilly, macht sich im Gegensatz zu diesem allerdings nicht selbst die Hände schmutzig.

Sein Beruf als Lehrer weist ihn als Autorität in Fragen der irischen Geschichte aus. Er spricht Gälisch, die Traditionssprache der nationalbewussten Iren, und redet Cal mit „Cahal“ und gälischen Begrüßungsfloskeln an. Rhetorisch geschickt vertritt er die Ziele der Republikaner, jedoch ohne Cal überzeugen zu können. Auf dessen Vorwurf, keine Gefühle zu haben, reagiert er beleidigt. Mit dem Argument, man befinde sich in einem Krieg, rechtfertigt er jede Form von Gewalt als erlaubtes Mittel für einen höheren Zweck. Cal zeigt sich von dem moralischen

Pathos völlig unbeeindruckt, mit dem Skeffington von der Opferbereitschaft eines Padric Pearse schwärmt (siehe Nordirlandkonflikt, S. 56). Mit dem Spürsinn dessen, der sich ein normales menschliches Empfinden bewahrt hat, beurteilt er die IRA nicht nach ihren Worten, sondern nach ihren Taten.

Skeffingtons wahre Gesinnung zeigt sich am ehesten, als sein Vater von einem Auto überfahren wird und er Crilly daraufhin mit einem schmutzigen Verbrechen beauftragt. Aus rein persönlichen Gründen, die mit den politischen Bestrebungen der IRA nicht das Mindeste zu tun haben, lässt er den sechzehnjährigen Fahrer, der den alten Mr Skeffington sicher nicht mit Absicht schwer verletzt hat, mit *knee-capping* bestrafen. Dabei legt er Wert darauf, selbst anwesend zu sein, um seine Rachegelüste auskosten zu können. "Both knees he wanted", berichtet Crilly, "and your man on the ground squealing like a stuck pig with Skeffington sitting on his head." (S. 147)

Dunlop

Cyril Dunlop repräsentiert den Typus des Loyalisten und stellt die Gegenfigur zu Skeffington dar. Die Parallelität ihrer Standpunkte kommt u. a. in der Formulierung „This is (a) war" (S. 24 bzw. 110) zum Ausdruck, die von beiden Männern gebraucht wird.

Dunlop ist seit vielen Jahren eifriges Mitglied des Oranierordens und nimmt regelmäßig an den provokativen Umzügen dieser Vereinigung teil. Als Farmaufseher gibt er Cal von Beginn an zu verstehen, dass er Vorbehalte gegen ihn hat. Nur weil er Shamie kennt und Mrs Morton aus ihm unverständlichen Gründen etwas für Cal übrig zu haben scheint, toleriert er ihn auf der Farm.

Sobald sich ihm die Gelegenheit bietet, macht er Cal mit unmissverständlichen Worten klar, was er von den Katholiken hält. Er vergleicht die IRA mit Ratten, auf die man einen Hund loslassen sollte. Für jeden ermordeten Polizisten oder Soldaten würde er zwei IRA-Häftlinge aus dem Gefängnis Long Kesh erschießen lassen. Seine Nähe zu faschistischem Ideengut wird deutlich, als er sich auf Hitler beruft: "Sometimes I think Hitler had the right idea. He had the wrong cause, mind you, but he knew how to fight a war." (S. 110 f.)

Ein vereintes Irland bedeutet für ihn Unterwerfung unter die Herrschaft des Katholizismus. "Ulstermen would die rather than live under the yoke of Roman Catholicism", lautet sein fanatisches Credo. (S. 111) Immerhin distanziert er sich von den Terroristen in den eigenen Reihen, die er als „lunatic fringe" (S. 111) bezeichnet. Nach dem Brandanschlag auf das Haus der Mc Cluskeys räumt er ein, „there's bad bastards on both sides" (S. 81), aber aus seinem Mund klingt dieser Satz eher wie ein Lippenbekenntnis.

Mrs Morton

Die Mortons gehören zu der seit vielen Generationen in Irland ansässigen, Land besitzenden Oberschicht, die ursprünglich aus England stammt. Mrs Morton ist eine ebenso tüchtige wie eigensinnige und willensstarke Frau. Seit dem Tod ihres einzigen Sohnes und der schweren Verwundung ihres Mannes ruht die Verantwortung für den Farmbetrieb auf ihren Schultern. Sie engagiert und entlässt die Arbeitskräfte und zahlt persönlich die Löhne aus. Außerdem muss sie den pflegebedürftigen Mr Morton versorgen, obwohl sie selbst an der immer weiter fortschreitenden Parkinsonschen Krankheit leidet.

Für Marcella ist der Umgang mit der Schwiegermutter schwierig. "Mrs Morton treats me like a schoolgirl", beklagt sie sich, "I fight back but she always has the last word." (S. 114) Cal wird nicht recht klug aus den Motiven der alten Dame. Auf der einen Seite gewährt sie ihm Vergünstigungen, auf der anderen droht sie mit Lohnabzug und der Polizei. Marcella erklärt dieses widersprüchliche Verhalten mit einem gewissen Stolz auf die protestantische Herkunft der Familie: "They always thought of themselves as liberal Protestants." (S. 114) Sie vermutet, Mrs Morton wolle der Welt beweisen, dass sie nicht intolerant oder engstirnig sei.

2 Form und Erzählstruktur

Cal stellt eine Mischung aus Roman und Shortstory dar, die auch als **Kurzroman** oder *novelette* bezeichnet wird. Zu den Merkmalen dieses Formtyps gehören eine kompakte Erzählweise, die Betonung charakteristischer Einzelheiten und das Aussparen von längeren beschreibenden Passagen. Ähnlich wie bei Joyce oder Hemingway, der seine eigene Erzähltechnik einmal mit einem Eisberg verglichen hat, wird auch bei MacLaverty Wesentliches oft nur angedeutet. Man spricht daher von **Unbestimmtheits- oder Leerstellen** im Text und meint damit inhaltliche Bezüge, die nicht explizit ausgeführt sind, sondern vom Leser in Gedanken ergänzt werden müssen. Typisch für diese skizzenhafte Erzählweise sind ein abrupt einsetzender Beginn und ein offener Schluss. Die dazwischen liegenden Ereignisse stellen nur einen begrenzten Lebensabschnitt dar *(slice of life)*. In *Cal* dauert die Handlung etwa zwei bis höchstens drei Monate (Oktober bis Weihnachten), wobei der Mord an Robert Morton nicht chronologisch am Anfang, sondern im dritten Kapitel in Form einer Rückerinnerung der Zentralfigur eingeblendet wird. Dieser Kunstgriff erhöht die Spannung und verlagert den Höhepunkt des Erzählvorgangs in die Romanmitte.

Inhaltlich weist *Cal* einige typische Motive des **Adoleszenzromans** auf, auch wenn das Thema des Erwachsenwerdens nicht im Vordergrund steht. Damit knüpft der Autor an die so genannte *story of initiation* an, eine der bekanntesten Spielarten der englischen Kurzgeschichte. Es geht dabei um die meist krisenhaften Erfahrungen junger Menschen beim Übergang von der Jugend zum Erwachsenendasein. Dazu gehören z. B. erste sexuelle Erlebnisse, Selbstfindungsprozesse oder die Erfahrung des Schuldigwerdens.

In *Cal* werden diese Initiationsebenen auf eine besonders gelungene Weise miteinander verflochten. Der Protagonist reagiert auf die Erkenntnis, sich durch seine Beteiligung an einem Verbrechen schuldig gemacht zu haben, mit schweren Selbstvorwürfen. Durch das Liebesverhältnis zu Marcella wird dieses Schuldbewusstsein mit dem Erlebnis der ersten sexuellen Erfahrung verknüpft, was vor allem in der Koitusszene (S. 138 f.) zum Ausdruck kommt. (Noch deutlicher ist der Zusammenhang im Film dargestellt, wo in einer schnellen Schnittfolge Bilder des Mordes wiederholt mit Bildern des Liebesaktes wechseln.)

Auch die Selbstfindungsthematik wird in *Cal* aufgegriffen. Die Titelfigur macht eine Entwicklung vom tagträumenden Jugendlichen zum selbstverantwortlichen jungen Mann durch. Cal kommt nicht nur zur Einsicht in die eigene Lage, sondern auch in den heillosen gesellschaftlichen Zustand. Mit der Abkehr von der IRA beweist er Charakterstärke und Mut. Allerdings erlaubt es die ausschnitthafte Romanstruktur nicht, diesen Prozess bis zum Abschluss zu verfolgen. Wie Cals Persönlichkeit sich nach seiner Verhaftung entwickelt, bleibt der Fantasie des Lesers überlassen.

Cals Beziehung zu seinem Vater ist ebenfalls ein Teilaspekt des Adoleszenzproblems. Das zunächst enge Verhältnis löst sich nach der Beendigung der Wohngemeinschaft auf. Damit geht eine innere Ablösung des Sohnes vom Vater einher. Cal ist jetzt auf sich selbst gestellt und kann nicht mehr auf Shamies Hilfe zählen. Auch seine äußerliche Veränderung deutet auf eine neue Identität hin. Als er sich in Dermot Ryans Badezimmer rasiert, lässt er sich einen Bart stehen: “Cal trimmed round his black beard with Dermot's razor. It was probably the first time in weeks he had seen a mirror and he was surprised at himself. He thought the beard suited him." (S. 113) Sein verändertes Aussehen entspricht dem Gefühl, erwachsen zu sein.

Für die Erzählstruktur des Romans ist die **spannungserzeugende Verweistechnik** kennzeichnend. Besonders das Anfangskapitel ist voller suggestiver Andeutungen. Es bleibt zunächst offen, warum Cal von der Begegnung mit Marcella so nachhaltig beeindruckt ist, aber dann verdichten sich die Hinweise auf ein in der Vergangenheit liegendes schreckliches Ereignis allmählich zu Anspielungen auf einen Mord. So wird in der Unterredung mit Skeffington deutlich, dass ein Mitglied der Reservepolizei auf der Schwelle seines Hauses erschossen worden ist. In welcher Beziehung dieser Mann zu Marcella stand und welche Rolle Cal dabei gespielt hat, wird erst durch die Rückblende im dritten Kapitel endgültig klar. Auch was zu den Verletzungen des alten Mr Morton führte, von denen im zweiten Kapitel die Rede ist, erfährt der Leser erst später. Diese sukzessive Entschlüsselung von Einzelheiten erinnert an die analytische Konstruktion des **Thrillers** oder Kriminalromans. Wie bei einem Puzzle entsteht durch das Zusammenfügen der Teile allmählich ein Gesamtbild.

Ähnlich verhält es sich mit der Identifizierung der Untergrundorganisation, an der Cal beteiligt ist. Der Begriff IRA taucht relativ spät und zunächst nur in einem allgemeinen Zusammenhang auf, als nämlich Dunlop seine Ansichten zum Umgang mit republikanischen Terroristen äußert. (S. 110) Vorher ist nur von „the Cause" die Rede. Später weisen die durchgeführten Aktionen und die Methoden der Bestrafung so genannter Verräter auf die IRA hin. Ein sicheres Indiz ist dann die Tatsache, dass Cal von Skeffington als Deserteur bezeichnet wird: "What you have done is called desertion. You know the penalties for that in any other army in wartime." (S. 149 f.) Nach ihrem Selbstverständnis ist die IRA eine im Krieg befindliche Armee, für die dieselben Regeln gelten wie für eine reguläre kämpfende Truppe. Zweifellos wäre Cal liquidiert worden, wenn Crilly und Skeffington nicht der Polizei ins Netz gegangen wären.

Die Einteilung des Romans in fünf Kapitel ist der fünfteiligen Aktgliederung des **klassischen Dramas** nachempfunden. Das erste Kapitel enthält die Exposition. Die wichtigsten Charaktere werden vorgestellt und die Ausgangssituation wird umrissen. Die Begegnung mit Marcella entspricht dem so genannten erregenden Moment in einer Tragödie. Verschiedene Spannungselemente wecken beim Leser eine bestimmte Erwartungshaltung. Die sprachliche Darstellung lässt eine insgesamt bedrohliche Atmosphäre entstehen und verweist auf Gewalt und Sexualität als Hauptmotive der Handlung.

Im zweiten Kapitel steigert sich die Spannung *(rising action)*. Cal nimmt Kontakt zu den Mortons auf. Die Hinweise auf das, was in der Vergangenheit geschehen ist, verdichten sich. Die Gefahr, in der er sich befindet, wächst. Wie bei einem Aktschluss wirkt das Kapitelende als dramaturgisches Mittel: Cals Anstellung auf der Farm setzt eine neue Entwicklung der Ereignisse in Gang.

Im dritten Kapitel spitzt sich die Handlung zu. Wir erleben, wie Cal direkt mit Gewalttaten in Berührung kommt. In schneller Folge wechseln die Schauplätze. Der Leser wird Zeuge des Raubüberfalls auf das Spirituosengeschäft, des Brandanschlags auf das Haus der Mc Cluskeys und des im Rückblick geschilderten Mordes. Letzterer stellt zugleich einen Wendepunkt *(turning point, climax)* im Handlungsverlauf dar. Der auf die Vergangenheit bezogene Teil des Geschehens wird damit abgeschlossen und die Aufmerksamkeit des Lesers konzentriert sich von nun an auf Cals Zukunft.

Handlungsstruktur

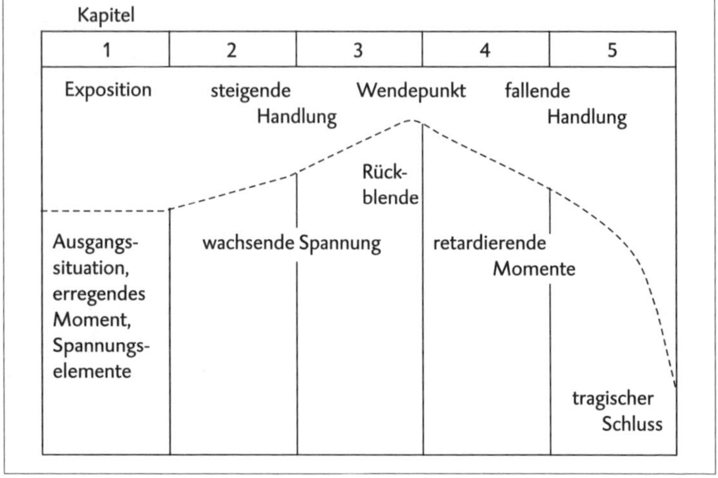

Wie in einer klassischen Tragödie bewegt sich der Held im vierten und fünften Kapitel unaufhaltsam auf die Katastrophe zu. Es gibt retardierende Momente, in denen Cal sich einer vagen Hoffnung auf einen günstigen Ausgang hingibt, aber eigentlich besteht kein Zweifel an einem tragischen Ende. Die einzig glaubhafte Lösung kann nur vom Eingreifen der Staatsmacht ausgehen und muss in einer wie auch immer gearteten Bestrafung bestehen.

3 Sprache, Stil, Symbolik

MacLaverty ist ein realistischer Erzähler. Sein Stil ist ebenso einfühlsam wie meisterhaft. Man spürt, dass es um Dinge geht, die ihn persönlich betreffen. Ähnlich wie der von ihm geschätzte Charles Dickens möchte er mit seinen Texten Denkanstöße geben und ein möglichst breites Lesepublikum erreichen. Dazu bedient er sich einer leicht verständlichen Schreibweise, ohne dabei an der literarischen Qualität Abstriche zu machen.

Indem der Erzähler sich in Cal hineinversetzt und seine Sicht des Geschehens übernimmt, wird die Titelfigur auch in sprachlicher Hinsicht zum wichtigsten Medium. In Cals wörtlich wiedergegebenen Äußerungen, aber auch in den seine Gedanken und Gefühle reflektierenden Passagen begegnet der Leser einer **realitätsnahen Alltagssprache**, die ihre authentische Wirkung unter anderem auch der Verwendung irischer Eigenheiten des Englischen verdankt. Abgesehen von Aussprache und Intonation unterscheidet sich das so genannte Hiberno-Englisch zwar nicht wesentlich vom britischen Standard, weist aber doch eine Reihe idiomatischer und lexikalischer Besonderheiten auf (siehe Textkasten).

Hiberno-Englisch (Seitenzahlen in Klammern)

Lexik

ach (111)	Ausdruck des Abscheus
attaboy (z. B. 25)	guter Junge, *there's a good boy*
aye (38)	*yes*
bog (117)	Sumpf, Moor, *swamp*
byre (z. B. 68)	Kuhstall, *cowshed*
Da (z. B. 7), Ma (24)	*Dad, Mum*
ditch (121)	Erdwall, Aufschüttung
gulpin (z. B. 18)	Tölpel, Rüpel, *lout*
jap (z. B. 8)	bespritzen, *splash*
Jaw-box (90)	Ausguss, *sink*
mitch (115)	(Schule) schwänzen
muck out (68)	ausmisten
shite (z. B. 110)	*shit*
snib (123)	Schnappschloss, *latch*
spud (17)	Kartoffel
yahoo (14)	Herumtreiber, Rowdy, *hooligan*

Idiomatik	
as odd as two left feet (70)	*very odd*
as of today (18)	*from now on*
for the rest of her natural (70)	*for the rest of her life*
I'm just after some (59)	*I've just had some*
(the door is) on the snib (123)	nicht verriegelt, *on the latch*
unsnib (the door) (11)	verriegeln
Gälisch	
Cahal (z. B. 21)	Vollform von Cal
Go mbeannuigh Dia duit (21)	*May God bless you*
Dia is Muire Duit (21)	*God and Mary be with you*
a chara (63)	*my friend*
Slainte (114)	zum Wohl, *cheers*

Als das Geschehen widerspiegelnder Charakter verfügt Cal über ein differenziertes Ausdrucksvermögen. Sein Wortschatz ist ungewöhnlich reichhaltig und lässt auf ein hoch entwickeltes Sprachbewusstsein schließen. So verwendet er in den Unterhaltungen mit Marcella gern witzige Wortspiele wie im folgenden Beispiel:

'Do you play the guitar?' she asked.
'A bit.'
'Your long nails.' She nodded to them.
'On the one hand some people say they are long,' he said, 'yet on the other hand they are not.' (S. 26)

Cals sprachliche Kreativität zeigt sich auch in dem „Tick", andere Sprachen nachzuahmen, z. B. wenn er französische Flüche erfindet: "Dirty *vache*. You big *crotte de chien*." (S. 10) Ein besonders gelungenes Wortspiel entsteht, wenn er das französische *merde* in Anlehnung an *murderer* zu *merderer* erweitert und damit einen Freudschen Hinweis auf seine Tat und seinen Seelenzustand gibt. (S. 14) Mit Marcella unterhält er sich auf

„Italienisch": "Yes, that meal was magico [...] That's Italian for magic." (S. 131) Beim Singen imitiert er fremdländische Akzente: "He began to chant a negro work song in a thick American accent, striking the wedge at the end of each line." (S. 43) Seine Versuche, Gälisch zu lernen, scheitern daran, dass er den Klang der Worte nicht hören kann: "The words remained as printed symbols locked inside his head [...] Some day he might go to a class and hear the words spoken." (S. 10)

MacLavertys Stil beeindruckt durch die Genauigkeit, mit der bildhafte Eindrücke wiedergegeben werden. Oft handelt es sich um **skizzenhafte Wahrnehmungen**, die das Charakteristische einer Situation treffend zum Ausdruck bringen. Cal selbst kommentiert diese fotografische Beobachtungsweise, wenn er den Vergleich mit Momentaufnahmen herstellt: "He tried to fix the picture, to snap the shutter." (S. 92) In der Bibliothek möchte er die Augen schließen: "To make a shutter-image of it [Marcella's breast], just as he had made one of the two women sprawled face down on the floor of the off-licence." (S. 71) Die Schilderungen des Überfalls auf den Spirituosenladen und des Mordes an Robert Morton bestehen aus Aneinanderreihungen von Bildsequenzen, sodass man von einer „kinematischen Erzählstruktur" sprechen kann, die „das visuelle Kontinuum eines filmischen Handlungsablaufs" aufweist.[4]

Bisweilen werden weit auseinander liegende Einzelszenen durch **Wortbrücken** assoziativ miteinander verbunden. Auf diese Weise wird im folgenden Beispiel eine bewusstseinsmäßige Vernetzung von Cals Schuldgefühlen mit seinem sexuellen Initiationserlebnis signalisiert. Kurz bevor der Mord geschieht, heißt es:

> *Cal pulled the car up close to the front door [of the farmhouse] and Crilly got out. Cal waited. He badly needed a piss. He held on tight to the steering wheel. He ran his fingers round the back of it. For some reason it reminded him of the ridges on the roof*

> *of his mouth. He curled his tongue and touched them with its tip, counting. Five or six. Like the hard sand of the sea-shore.* (S. 86)

In der Koitusszene ruft dieses Zungengefühl, das in dem Moment ausgelöst wird, als er Marcella küsst, die Erinnerung an den Mord zurück:

> *He kissed her and she opened her mouth to him and his tongue probed. He felt with its tip, or imagined he felt, the ridges on the roof of her mouth. He saw himself again touching the back of the steering wheel lightly with his fingers, heard again the incessant barking of the dogs and Crilly trying to get sound out of the bell. [. . .] Unable to meet her eyes, he closed his own and smothered his face in the curve of her neck. In his darkness he saw her husband genuflect and the sudden soiling of the wall-paper behind him. The unreal sound of the cap gun. Marcella touched between his thighs and he felt shame.* (S. 138)

Durch die wörtlichen Wiederholungen („touched them with its tip“ – „felt with its tip“, „ridges on the roof of his mouth“ – „ridges on the roof of her mouth“, „ran his fingers round the back of it [steering wheel]“ – „touching the back of the steering wheel lightly with his fingers“) wird eine an Filmschnitte erinnernde Assoziationskette aufgebaut, die vom ersten Kuss über die Bilder der Mordszene bis zum geschlechtlichen Versagen reicht.

Für die personale Erzählperspektive, aus der Cals Geschichte geschildert wird, wählt der Autor eine Technik, die auch für die Shortstory typisch ist: den so genannten **freien indirekten Erzählmodus** *(free indirect mode)*. Um Ereignisse, Gedanken und Gefühle aus der Sicht einer bestimmten Person darzustellen, kann ein Erzähler zwischen direkter und indirekter Wiedergabe wählen. Er kann entweder in der 1. Person berichten, z. B. “From my window I could see the farmhouse”, oder sich für die 3. Person entscheiden: “From his window he could see the farmhouse." Die Entscheidung für die Ichform (direkter Erzählmodus) bedeutet eine Einengung auf das, was der Icherzähler wissen kann. Die indirekte Erzählweise in der 3. Person erlaubt eine größere Flexibilität der Darstellung, erfordert aber weitere sprachliche Signale, um dem Leser anzuzeigen, dass es sich um die Sichtweise der Romanfigur handelt und nicht um einen Bericht über dieselbe.

In *Cal* handhabt der Autor die freie indirekte Erzähltechnik mit großer Geschicklichkeit. Die folgenden Beispiele lassen einige Möglichkeiten erkennen, die dabei zur Anwendung kommen. So heißt es, als Cal nach dem Gottesdienst hinter Marcella die Kirche verlässt:

> *Yet he could not resist looking at her as she left her seat [...] He felt pushed forward by those behind him, taking short shuffling steps. The back of his hand brushed against the wool material of her dress. He saw through the black lace of her mantilla that her hair was gathered into a roll and held by a large wooden pin. Between her mantilla and the back of her dress he could see the slope of her neck [...] He smelt perfume but could not be sure that it was hers.* (S. 38)

Verben der sinnlichen Wahrnehmung („look", „feel", „see", „smell") machen den Text zur Schilderung eines persönlichen Erlebnisses. Formulierungen wie „could not resist looking" oder „felt pushed" drücken Cals passive, fast hilflose innere Haltung aus. Mit „his hand brushed against the wool material of her dress" wird eine halb zufällige, halb absichtliche Geste beschrieben, die seinem schwankenden Gefühlszustand zwischen Schüchternheit und dem Wunsch, Marcella zu berühren, entspricht.

Eine weitere Möglichkeit ist die freie indirekte Wiedergabe von Cals Gedanken *(free indirect thought)* wie in dem folgenden Beispiel:

He imagined her as the Sleeping Beauty in a drugged coma and how he would kiss her and touch her without her responding. [. . .] And she would not know it was he, Cal, who was the slayer of her husband. He opened his eyes. It was still light outside. Sometimes in her presence he felt like Quasimodo – as if the ugliness of what he had done showed in his face. The brand in the middle of his forehead would never disappear and seemed to throb when she was near. [. . .] To hell, why not? If he could not take her like Sleeping Beauty then he could ravish the things which surrounded her. (S. 124)

Hier wird die Stimme des Erzählers mit der des Protagonisten verschmolzen. An einigen Stellen ist der Erzähler noch vernehmbar (z. B. „He opened his eyes“), im Übrigen tritt Cals Gedankenfluss aber so stark in den Vordergrund, dass man den Bewusstseinsstrom mühelos im direkten Modus wiedergeben könnte: “And she will not know that it is me, Cal, who is the slayer of her husband” usw. Mit dem “To hell, why not?” ist ein Punkt erreicht, an dem sich direkte und indirekte Wiedergabe auch formal nicht mehr unterscheiden lassen.

Eine der am häufigsten vorkommenden indirekten Erzähltechniken ist die Verknüpfung von objektiver Beobachtung mit subjektiver Empfindung. Das Ergebnis ist eine dritte Wahrnehmungsebene, die das geschilderte Geschehen als individuelles Erlebnis erscheinen lässt. In der folgenden Textpassage erinnert sich Cal in einem Wachtraum an die Erschießungsszene. Während er im Wagen sitzt, klingelt Crilly an der Haustür.

He didn't hear the bell when Crilly pressed the button. It was dark but there was a light somewhere in the house. Cal tried to burp. The beer and his nerves combined to make him feel he had swallowed lead. He didn't want to watch but he felt compelled to. He tried to get beneath the wind by swallowing air but just managed to belch the pockets of air which he had swallowed. A light came on in the hall, lighting up the area of the front door. Cal felt his bladder on the point of bursting. Crilly waited, one hand in his pocket. The net curtain twitched, then the door opened. Still the dogs kept up their incessant barking. (S. 86 f.)

Der Absatz besteht aus elf Sätzen, von denen sich fünf mit dem Hauptgeschehen und vier mit Cals körperlichen Missempfindungen befassen. Die restlichen zwei stellen Zwischenglieder dar. Würde man die beiden Gruppen nebeneinander stellen, so ergäben sich die folgenden, voneinander unabhängigen Berichte:

It was dark ...	*Cal tried to burp ...*
A light came on ...	*The beer and his nerves ...*
Crilly waited ...	*He tried to get beneath the wind ...*
The net curtain twitched ...	
Still the dogs kept up ...	*Cal felt his bladder ...*

Erst durch die Verschachtelung der beiden Ebenen ergibt sich der indirekte Erzähleindruck. Durch den wiederholten Fokuswechsel wird die objektive Wahrnehmung dessen, was Cal sieht und hört, so mit der subjektiven Empfindung seiner Körperreaktionen verbunden, dass der Leser die Textstelle insgesamt als Wiedergabe von Bewusstseinsvorgängen verstehen muss.

Zu den stilistischen Gestaltungsmitteln des Romans gehört auch eine Reihe von **Metaphern und Symbolen**. Zu Beginn des ersten Kapitels wird in der Schlachthofszene ein Bildkomplex entwickelt, dessen einzelne Komponenten an späteren Stellen wieder aufgegriffen werden (siehe Interpretation von Schlüsselstellen, S. 62 ff.). Im Schlachthof begegnen wir auch zum ersten Mal dem Prediger, einer Figur, die für die Handlung entbehrlich ist, von der aber eine starke Symbolwirkung ausgeht. Das Äußere des Predigers erinnert an einen Raubvogel: "tall and thin with the Adam's apple of a vulture and skin that was made even paler, if that was possible, by the light reflected from the white tiles." (S. 7) Dieser bleichsüchtige religiöse Fanatiker, der das Blut der geschlachteten Tiere trinkt, ist eine Unheil verkündende Gestalt. Wo immer er auftaucht, unterstreichen seine Botschaften die bedrohliche Grundstimmung des Romans. Als Cal die Überreste der von einer Mine zerrissenen Kuh findet, fällt sein Blick auf ein rotes Metallschild mit der Aufschrift "The Kingdom of God is within You." (S. 121) Als Kommentar zu dem sich bietenden Anblick der blutbespritzten Rinderherde wirkt dieses Bibelwort zynisch und makaber. Bei seinem letzten Auftritt verkündet der Prediger die folgenden Worte: "Without the shedding of blood there can be no forgiveness." (S. 143) Es handelt sich bei dieser Figur um den Prediger eines Evangeliums der Rache. Seine zu politischen Parolen umgedeuteten Bibelzitate beleuchten den religiösen Hintergrund der protestantisch-katholischen Auseinandersetzungen. "The Wages of Sin is Death" (S. 7), einer der Lieblingssprüche des Predigers, bedeutet aus seiner sektiererischen Sicht so viel wie „Tod den Katholiken".

Die den Roman durchziehende **christliche Symbolik** bezieht sich hauptsächlich auf Cals Schuldkomplex. So gewinnt die mehrfache Erwähnung der Kreuzigung Christi für sein Sündenbewusstsein eine beispielhafte Bedeutung. Leiden und Tod als ultimative Möglichkeiten der Erlösung von Schuld und Sünde sind für Cal, wie übrigens auch für Marcella, vertraute Vorstellungen. Kurz bevor mit der Verhaftung seine eigene Passion beginnt, zeigt Marcella ihm in dem Buch über Grünewald, das er ihr zu Weihnachten schenkt, das Kreuzigungsbild des Isenheimer Altars:

> *The weight of the Christ figure bent the cross down like a bow; the hands were cupped to heaven like nailed starfish; the body with its taut ribcage was pulled to the shape of an egg-timer by the weight of the lower body; the flesh was diseased with sores from the knotted scourges, the mouth open and gasping for breath.* (S. 153)

Diese ausführliche Beschreibung fügt zur Schlachthofszene, in der es um die Qualen von Tieren geht, ein ähnlich eindrucksvolles Bild menschlicher Schmerzen hinzu und verweist auf den Schluss des Romans und den Leidensweg, der Cal bevorsteht.

Isenheimer Altar (Ausschnitt)

4 Nordirlandkonflikt

Der Roman spielt im Nordirland der frühen siebziger Jahre, als die so genannten *Troubles* ihren Höhepunkt erreicht hatten. Seit es 1968 bei Demonstrationen von Bürgerrechtlern zu Zusammenstößen mit der Polizei gekommen war, eskalierte die Lage zusehends. Schwere Ausschreitungen folgten im Sommer 1969 anlässlich eines studentischen Protestmarsches von Belfast nach

Londonderry. Nach weiteren Unruhen wurden im August britische Truppen von der nordirischen Administration zu Hilfe gerufen. Dieser Schritt führte zu einer dauerhaften Konfrontation zwischen britischen Soldaten und der IRA und gilt allgemein als der Beginn der *Troubles*. Ab 1971 behandelte die IRA die britische Armee als offiziellen Kriegsgegner und trat mit dem Anspruch auf, die katholische Bevölkerung gegen britische und loyalistische Übergriffe zu schützen. Skeffingtons und Crillys Aktivitäten, z. B. die Beschaffung eines Revolvers für Shamie oder die Raubüberfälle zur Bereitstellung der benötigten Geldmittel, müssen vor diesem Hintergrund gesehen werden. Als Antwort verstärkten protestantische paramilitärische Untergrundorganisationen wie die 1971 gegründete UDA oder die bereits 1966 gebildete UVF ihre terroristischen Aktionen.

Im Laufe des Jahres 1972 spitzten sich die Ereignisse weiter zu. Mit dem *Bloody Sunday* (30. Januar) begann die blutigste Phase der Auseinandersetzungen. Aus Protest gegen die von der Regierung angeordnete Internierung von Gewalttätern ohne Gerichtsverfahren formierten sich an diesem Tag in Londonderry vorwiegend jugendliche Katholiken zu einem nicht genehmigten Umzug. Unter bis heute ungeklärten Umständen eröffneten britische Soldaten das Feuer und erschossen dreizehn unbewaffnete Demonstranten. Dieser Vorfall brachte der IRA viele neue Sympathisanten ein und ließ die Zahl der Mitglieder anschwellen. Skeffington, der nach eigenen Worten Augenzeuge war, spielt auf die für seine Sache günstigen Auswirkungen des brutalen Vorgehens seitens der Briten an, wenn er sich die Wiederholung eines solchen Vorfalls wünscht. (S. 67)

Angesichts der immer explosiver werdenden Lage wurde Nordirland im März 1972 nach fünfzigjähriger Selbstverwaltung wieder direkt der britischen Regierungsgewalt unterstellt. In der Folgezeit führten die Anstrengungen Londons und Dublins zu verschiedenen Abkommen, die eine politische Einigung der unterschiedlichen Interessengruppen zum Ziel hatten. Vor allem mit dem *Good Friday Agreement* von 1998 verbindet sich die Hoffnung auf einen zum Frieden führenden Entwicklungsprozess. In letzter Konsequenz hängt dessen Gelingen aber davon ab, ob die nordirischen Bevölkerungsgruppen und ihre Politiker das gegenseitige Misstrauen überwinden können.

Zeittafel zum Nordirlandkonflikt

1916 Osteraufstand in Dublin, Ausrufung einer irischen Republik, blutige Straßenschlachten, 15 republikanische Anführer, darunter Padric Pearse, werden hingerichtet, 2000 Freiheitskämpfer werden interniert.

1921 Irland wird geteilt, sechs Grafschaften der Provinz Ulster bleiben im Vereinigten Königreich, Restirland erhält den Status eines Freistaates innerhalb des Commonwealth und wird 1949 zu einer unabhängigen Republik.

1968 *Civil Rights*-Demonstrationen führen zu Zusammenstößen mit der Polizei.

1969 Britische Soldaten werden in Nordirland stationiert.

1972 *Bloody Sunday* in Londonderry: 13 Katholiken werden von britischen Soldaten erschossen, Ulster wird der Londoner Regierung direkt unterstellt.

1973 Das *Sunningdale Agreement* zwischen London, Dublin und Belfast führt zu einer von Katholiken und Protestanten gemeinsam gebildeten Regierung.

1974 *Birmingham Pub Bombing:* 21 Menschen werden bei einem Anschlag der IRA auf ein Pub getötet.

1981 Zehn IRA-Häftlinge sterben bei einem Hungerstreik, der ihre Anerkennung als politische Gefangene zum Ziel hat.

1985 Das *Anglo-Irish Agreement* zwischen London und Dublin gibt der Republik ein Mitspracherecht in Nordirland betreffenden Angelegenheiten.

1987 Bei einem Bombenanschlag der IRA während eines Gottesdienstes in Enniskillen werden 11 Menschen getötet und 63 verletzt.

1993 *Downing Street Declaration*: London und Dublin erklären sich bereit, ihre Interessen in Nordirland wechselseitig anzuerkennen.

1994 – 97 Mehrere Waffenstillstandsabkommen zwischen den Konfliktparteien werden vereinbart, aber nur vorübergehend oder gar nicht eingehalten.

1998 *Good Friday Agreement*: Ein aus Parteien der verschiedenen Interessengruppen bestehendes nordirisches Parlament wird gewählt und setzt eine von London unabhängige Regierung ein.

1999 Eine neutrale internationale Kommission soll die Ablieferung aller Waffen überwachen.

2000 Der Abrüstungsprozess kommt kaum voran, das Parlament wird aufgelöst, London übernimmt wieder die Regierungsgewalt.

Obgleich die Ereignisse des Romans von den politischen Vorgängen nicht zu trennen sind, ist *Cal* keine Auseinandersetzung mit dem Nordirlandkonflikt im Sinne einer Analyse der Ursachen oder der Andeutung von Lösungen. Auch die Charakterisierung des Romans als vor dem Hintergrund der *Troubles* spielende Erzählung entspricht nicht ganz dem, was MacLaverty vorschwebte. Auf die Frage: "Which balance love-story vs [versus] the Troubles did you have in mind when you designed these two main characters [Cal and Marcella]?" antwortete er in einem Interview:

> *It's the characters that matter. You see, when you live in a place, you don't think [...] "We will set it in the Troubles". You are actually living there and you have experienced this. It is an examination of a boy who, because of the nature of the society that he lives in, is forced into this. [...] Some critics said, "set against the background of the Troubles". Well, it's not the* background – *it is totally there, it is interwoven.*[5]

Es geht also in erster Linie um Menschen und ihre Schicksale. *Cal* ist kein politischer Kommentar, wohl aber eine ethische Stellungnahme zu den nordirischen Zuständen. Nach Christian

J. Ganter veranschaulicht der Roman, „wie destruktiv die prekäre Lage sich auf konkrete Beziehungen zwischen Alltagsmenschen auswirkt und personalisiert dadurch den Nordirlandkonflikt auf weitgehend glaubwürdige Weise."[6]

Cals politische Einstellung ist von seiner katholischen Herkunft beeinflusst. Er identifiziert sich weitgehend mit den traditionellen Zielen des republikanischen Nationalismus, vor allem mit der Forderung nach einem freien und geeinten Gesamtstaat. "I would like to see a united Ireland", sagt er zu Marcella, fügt aber sogleich einschränkend hinzu, "but I haven't decided the best way to go about it yet." (S. 118) Damit distanziert er sich von paramilitärischen Organisationen wie der IRA und ihren terroristischen Methoden. Als Voraussetzung für eine positive Entwicklung Irlands scheint ihm allerdings ein Abzug der britischen Truppen unumgänglich: "It [Ireland] will only have a future when the British leave." (S. 118)

Cals Gefühl, in Nordirland heimatlos zu sein, resultiert aus der historischen Unterdrückung der katholischen Bevölkerung durch die englischen Kolonialherren. Seine Mutter, eine gläubige Katholikin, hat an der Entstehung seines Irlandbildes wesentlichen Anteil. Wenn er sie während des Gottesdienstes in seine Gebete einschließt, verknüpfen sich damit auch Erinnerungen an politische Kampflieder, die sie ihm als Kind oftmals vorgesungen hat. *Roddy Mc Corley, The Croppy Boy* und *Father Murphy* (S. 37) gehören zu den populärsten *rebel songs* des 18. und 19. Jahrhunderts. Ein aus solchen historischen Reminiszenzen gespeistes Nationalgefühl erfüllt ihn noch immer, wenn er die Staatsgrenze überquert und die irische Fahne wehen sieht:

> *Cal drove the sixty miles to Clones. Once over the Border he experienced the feeling of freedom he always got. This was Ireland – the real Ireland. He felt he had come out from under the weight and darkness of Protestant Ulster, with its neat*

stifled Sabbath towns. On top of a tree a green, white and gold tricolour flickered in the wind. (S. 39)

Trotz dieser emotionalen Identifikation mit dem „wahren“ Irland entwickelt Cal eine deutliche Skepsis gegenüber der nationalen Ideologie, die Skeffington predigt. Was ihn von diesem unterscheidet, ist seine Ablehnung des Menschen verachtenden Prinzips, wonach der Zweck die Mittel heiligt. Skeffington glaubt nicht an politische Lösungen. Für ihn ist der bewaffnete Kampf gegen die britische Besatzungsmacht und die sie unterstützende Polizei die einzige Möglichkeit, um das Ziel der nationalstaatlichen Einheit zu erreichen. Menschenopfer werden dabei bewusst in Kauf genommen. “Think of the issues, not the people. Think of an Ireland free of the Brits”, fordert er Cal auf und fragt rhetorisch: “Would we ever achieve it through the politicians?” (S. 24)

Skeffingtons republikanisches Geschichtsbild, dessen Wurzeln weit in die irische Vergangenheit zurückreichen, drückt sich am deutlichsten in dem von ihm zitierten Gedicht „Mother“ von Padric Pearse aus:

I do not grudge them: Lord, I do not grudge
My two strong sons that I have seen go out
To break their strength and die, they and a few,
In bloody protest for a glorious thing …
[…]
And yet I have my joy:
My sons were faithful and they fought. (S. 66)

Die Mutter, die hier ihre Söhne dafür preist, dass sie ihr Leben im Freiheitskampf gelassen haben, ist eine allegorische Gestalt. Das Gedicht ist ein Appell der Mutter Irland an die Kampf- und Todesbereitschaft ihrer Kinder. Es hat vor allem deshalb mythenbildenden Einfluss gehabt, weil Pearse als einer der Führer des Osteraufstandes von 1916 durch seine Hinrichtung zum politischen Märtyrer wurde. Ergänzt wird diese Textstelle durch eine Passage, die Cal in einem historischen Bericht findet: "Cal read [...] what Pearse had said, that the heart of Ireland would be refreshed by the red wine of the battlefields, that Ireland needed its bloody sacrifice." (S. 73)

Dieser fanatische Blutopfermythos, der sich auch in den oft zum Tode führenden Hungerstreiks inhaftierter IRA-Terroristen manifestierte, verfehlt seinen Eindruck auf Cal völlig. "You leave out the shit and the guts and the tears", entgegnet er Skeffington. (S. 67) Dessen Antwort: "We must be strong enough, Cahal, to ignore that. It is not a part of history," macht den Unterschied der Standpunkte noch einmal deutlich. Für Skeffington zählt allein die Geschichte, ein mythisches Konstrukt, an dem festzuhalten nur bedeuten kann, das Rad der Gewalt auf ewig weiterzudrehen. Cal, und hier spricht zugleich der Autor, möchte die Vorstellung von einem mythischen Irland überwinden und zur Realität des Alltags vorstoßen. "To suffer for something which didn't exist, that was like Ireland" – dieser Gedanke geht ihm durch den Kopf, als er sich der IRA durch die Flucht auf den Bauernhof entzogen hat. "People were dying every day, men and women were being crippled and turned into vegetables in the name of Ireland." Es hat keinen Sinn, Menschen zu opfern für ein "Ireland that never was and never would be." (S. 83) Solche Einsichten lassen erkennen, dass Cal sich von dem gefährlichen ideologischen Ballast befreit hat, den Leute wie Skeffington mit sich herumschleppen.

Freilich schützt ihn seine Überzeugung von der Sinnlosigkeit des bewaffneten Kampfes nicht davor, selbst zum Opfer des sektiererischen Konfliktes zu werden. Im Kontext des politisch-gesellschaftlichen Romandiskurses hat Cals Geschichte exemplarischen Charakter. Im nordirischen Sozialgefüge haben einfache Menschen wie er nur eingeschränkte Handlungs- und Entscheidungsspielräume. Sie können sich nicht aus dem Teufelskreis von Gewalt und Gegengewalt heraushalten. Wer Gewaltanwendung zur Verwirklichung politischer Ziele ablehnt, riskiert, zwischen die Fronten zu geraten und in einem Niemandsland zu enden, wo er beiden Seiten schutzlos ausgeliefert ist.

So muss Cal nicht nur militante Republikaner wie Skeffington fürchten, er lebt auch unter der ständigen Bedrohung durch protestantische Terroristen. Auf dem Heimweg vom Schlachthof fühlt er sich feindseligen Blicken ausgesetzt und von der Oraniermarschbeflaggung eingeschüchtert. Täglich, ja stündlich erwartet er das Schlimmste:

> *Cal stood at the corner, as always, waiting for Cyril Dunlop. He did not like this being at the same place at the same time. Every day Catholics were being shot dead for no apparent reason […] It wasn't the thought of being killed that frightened him, it was the fear that he would lose his dignity if they tortured him. Men had been castrated before they were killed – one bloke had his head put between the jaws of a vice tightened until his skull cracked; and a Catholic butcher was murdered and hung up on a meat hook in his own shop like a side of beef. They were the actions of men with sick minds.* (S. 80)

Solche Schilderungen haben weitgehend authentischen Charakter und dürften der persönlichen Erfahrung des Verfassers entstammen.

Eine von keiner Interessenpartei beeinflusste Einschätzung des Nordirlandkonfliktes findet sich in Marcellas Äußerungen zu den *Troubles*. Noch bevor sie durch den Tod ihres Mannes in die Auseinandersetzungen mit hineingezogen wird, verurteilt sie in ihrem Tagebuch vehement jede Form von Gewaltanwendung. Nach dem 1974 von der IRA in einem Pub in Birmingham verübten Attentat schreibt sie:

> *Last night 19 people died and 200 were injured in Birmingham. A slaying of total innocents – not even the callous excuse of a pub frequented by soldiers. I thought we would never reach the*

day of atrocities equivalent to the Arab/Israeli unpleasantness. I am deeply ashamed of my country. From now on I think I will say I am an Italian. (S. 126 f.)

Und am zwölften Juli, dem Tag der protestantischen Oranierumzüge, heißt es:

Went to see the Orangemen's parade today. I am not a bigot but they disgust me with their hypocrisy. The parade led by Evangelists screaming about sin and death and damnation. The swaggering bands follow and animality is very near the surface. (S. 127)

Besonders der dröhnende Rhythmus der riesigen Lambeg-Trommeln, einer folkloristischen Spezialität der loyalistischen Aufmärsche, erzeugt in ihr eine körperlich fühlbare Beklemmung: "The huge drums are thumped so hard they vibrate in your body like an external heart after sprinting. The air around the procession pulses like blood in fear." (S. 127) Dieser „Pulsschlag Irlands", wie er von den Protestanten auch genannt wird, dient der psychologischen Einschüchterung der Katholiken und wird hier von Marcella zu Recht als animalisches Drohverhalten wahrgenommen.

In der kurzen Unterhaltung mit Cal während des Beerenpflückens formuliert Marcella ihre Einstellung zu Irland auf prägnante Weise. Sie vergleicht Iren und Italiener und stellt eine Reihe von Ähnlichkeiten fest: Freundlichkeit, katholische Religion und Familiensinn sind beiden Völkern gemeinsam, aber auch ein Hang der Menschen, Konflikte gewaltsam auszutragen. Dann fragt sie: "Why is it that people who have a reputation for hospitality are also the most violent?" Manches deutet auf Unreife hin: "Ireland. It's like a child. It's only concerned with the past and the present. The future has ceased to exist for it." (S. 118) Wie ein Kind, das in einer Welt der Mythen lebt und die Realität nicht wahrzunehmen vermag, ist Irland in seiner Vergangenheit gefangen. Besonders in Nordirland verstellen die tragischen Ereignisse der Geschichte noch immer den Blick auf die Zukunft. Um dies zu erkennen, bedarf es allerdings einer Außenseiterperspektive, wie sie Marcella einnimmt.

Marcellas Ansichten über Nordirland decken sich weitgehend mit Cals mühsam errungenen Erkenntnissen und entsprechen insgesamt der persönlichen Einschätzung des Autors. Auch er wendet sich, wie seine beiden Hauptpersonen, vehement gegen jede Form der gewaltsamen Durchsetzung politischer Ziele. Solange die Gewaltspirale nicht gestoppt wird, sieht er keine Chance für die Umsetzung irgendwelcher Lösungsstrategien. *Cal* ist kein Roman, aus dem sich eine Stellungnahme des Autors für oder gegen eine bestimmte Politik herauslesen lässt. Die Grundhaltung des Erzählers ist eher von Skepsis bis hin zur Hoffnungslosigkeit geprägt. Damit verbunden ist aber ein Aufruf zur Menschlichkeit und ein Appell an die Friedensfähigkeit seiner Landsleute. Aus einer zeitlichen Distanz von mehr als einem Jahrzehnt nach Veröffentlichung des Romans beantwortete MacLaverty in einem Interview die Frage nach seinem Bild von der Zukunft Nordirlands wie folgt:

> *Well, it is that: the hatred, the sectarian divide – it has to go, people have got to learn to share and to live without killing each other! I have said it before that I really do think that Ireland as a nationalist ideal is not worth a single life. It is certainly not worth my life or my son's life or my wife's life, so why should it be worth anybody's life? An adjustment has to be arrived at where people can live together without killing each other.*[7]

Sacherklärungen zum Nordirlandkonflikt (Seitenzahlen in Klammern)

Brits (24)	*British soldiers*
the Cause (63)	die republikanische Sache
Civil Rights (68)	Bürgerbewegung für Gleichberechtigung von Katholiken und Protestanten

Fenyan (27)	(meist: Fenian) geheime antibritische Organisation; gegründet 1858 mit dem Ziel, Irland zu einer unabhängigen Republik zu machen
IRA (110)	*Irish Republican Army;* wichtigste paramilitärische (d. h. illegal bewaffnete) republikanische Organisation; Hauptziel: Beendigung der britischen Oberhoheit in Nordirland und die Vereinigung der Provinz Ulster mit der Irischen Republik
knee-capping (147)	Zertrümmern eines oder beider Kniegelenke; Form der Rache oder Bestrafung, besonders durch die IRA
Long Kesh (58)	Gefängnis für terroristische Straftäter in Lisburn
Lundy (148)	Verräter an der protestantischen Sache; nach Robert Lundy, einem britischen Gouverneur von Londonderry, der die Stadt 1689 an eine katholische Streitmacht auslieferte
Loyalists (z. B. 9)	Loyalisten; treten für die Beibehaltung der britischen Oberhoheit ein und unterstützen paramilitärische protestantische Organisationen
the Movement (10)	nationale Bewegung; entstanden Ende des 19. Jahrhunderts zur Pflege der irischen Kultur und Sprache
Orangeman (81)	Oranier, Mitglied des Oranierordens; nach William of Orange (Wilhelm von Oranien) benannt, dem Sieger über die katholischen Streitkräfte in der Schlacht am Boyne
Orange march (50)	Umzug der Oranier
Orange Order (50)	Oranierorden; 1795 gegründete loyalistische Organisation zur Aufrechterhaltung des Protestantismus und der britischen Oberhoheit
Paras (67)	*Paratroopers;* Spezialregiment der britischen Armee, berüchtigt für sein brutales Vorgehen
Popery (127)	beleidigender Ausdruck für den römischen Katholizismus

Republicans (81)	Republikaner; treten für die Vereinigung Nordirlands mit der Irischen Republik ein (nicht zu verwechseln mit der amerikanischen Kongresspartei)
Reserve Policeman (24)	Mitglied einer Reserveeinheit der RUC, die größtenteils aus nebenberuflichen Helfern besteht
RUC (52)	*Royal Ulster Constabulary*; offizielle Polizeitruppe Nordirlands; besteht vorwiegend aus protestantischen Mitgliedern, von denen einige hundert Opfer von republikanischen Attentaten wurden; 1998 aufgelöst und durch den *Police Service of Northern Ireland* ersetzt
Twelfth of July (9)	Gedenktag an die Schlacht am Boyne (1690); wird von den Oraniern mit Umzügen gefeiert
UDR (84)	*Ulster Defence Regiment*; 1970 ins Leben gerufenes Regiment der britischen Armee
UVF (27)	*Ulster Volunteer Force*; paramilitärische protestantische Organisation

5 Interpretation von Schlüsselstellen

Der Schlachthof (S. 7/8)

"He stood at the back gateway of the abattoir, his hands thrust into his pockets, his stomach rigid with the ache of want." Mit dem ersten Satz des Romans bereitet der Erzähler den Leser auf eine bedeutsame Szene vor. Cals Name wird zunächst nicht genannt, sondern durch Pronomina („he", „his") ersetzt, so als seien Informationen über Person und Umstände bereits vorausgegangen. Durch diesen, auch für viele Kurzgeschichten typischen Anfang wird zum einen das Ausschnitthafte des zu berichtenden Geschehens unterstrichen, zum anderen entstehen Leerstellen, zu deren Ausfüllung der Text auffordert.

Im Folgenden erwähnt der Erzähler den Ekel erregenden Geruch („sweet nauseating smell"), das Knallen der (ironischerweise „humane killer" genannten) Schlachtmaske und das Brüllen der ihren Tod ahnenden Tiere und lässt so eine Atmosphäre der Grausamkeit entstehen. Damit kündigt sich ein den ganzen Roman durchziehendes Grundmotiv an. Cal steht in diesem Augenblick abseits und sieht dem Treiben der zwischen aufgehängten Tierkadavern hin- und hereilenden Männer mit einer gewissen Hilflosigkeit zu. Er wagt sich nicht in das Innere der Halle hinein, weil er spürt, dass ihm übel wird – ein Hinweis darauf, dass er nicht zu den Tätern, sondern zu den Opfern gehören wird. Aus dem Durcheinander tauchen zwei Gestalten auf: der an einen Aasgeier erinnernde *Preacher* (siehe Symbolik, S. 49 f.) und Crilly. Letzterer stellt sich in einer für ihn bezeichnenden Schlächterpose vor, indem er mit professioneller Geschicklichkeit die Klinge seines Messers schärft und mit dem Daumen prüft. Der abstoßende Gesamteindruck der Szene verstärkt sich, als einem Rind die Kehle durchgeschnitten wird und der Prediger das herausschießende Blut in einem Glas auffängt, um es später zu trinken. Blut ist an diesem Ort allgegenwärtig. Auch Shamies Kleidung ist blutbefleckt („japped all over with blood") und seine Hände sind „wet and slimy".

Man hat die Schilderung des Schlachthoftreibens als „eines der wesentlichen rezeptionslenkenden Nordirland-Images des Buches"[8] bezeichnet. In der Tat stimmt der Anfang des Romans den Leser auf gewalttätige Auseinandersetzungen ein und kann als Metapher für den Zustand der nordirischen Gesellschaft verstanden werden. Von hier aus durchzieht „eine Blutspur der Gewalt […] den Roman in unaufdringlicher Symbolik von Anfang bis Ende", stellt Hans-Christian Oeser fest, „von den aufgehängten Rinderhälften bis zur Ermordung eines am eigenen Fleischerhaken gehenkten katholischen Metzgers, von der Viehschlachtung mit dem Bolzenschussapparat bis zum Kniedurchschuss mit dem nämlichen Gerät, vom Schlachtbetrieb bis zu der versehentlich durch eine Tretmine zerfetzten ‚unschuldigen' Kuh."[9] Solche bildlichen Zusammenhänge werden vor allem durch wörtliche Übereinstimmungen zwischen auseinander liegenden Textstellen (Wortbrücken) hergestellt. Wenn z. B. die von der Minenexplosion aufgeschreckten Rinder als „japped with blood“ (S. 121) bezeichnet werden, so ist dies ein Echo auf Shamies mit den gleichen Worten beschriebenen Metzgerkittel (S. 8).

Andere Schauplätze wie die Farm oder die Bibliothek stehen im Kontrast zur Schlachthofszenerie und lassen deren düstere Atmosphäre noch deutlicher hervortreten. Auf dem Bauernhof der Mortons findet Cal vorübergehend einen Zufluchtsort. Die Ruhe der ländlichen Umgebung stellt einen Gegenpol zur Hektik des städtischen Schlachthoftreibens dar. Cal stellt Vergleiche zwischen den Gerüchen des Schlachthofs und denen im Kuhstall der Farm an:

> *He found the reek of living cattle much more acceptable than the smell of the abattoir and after a while grew to like it. The animals had a soft milky smell on their breath and the dung smell that hung around them was not unpleasant.* (S. 68)

Nicht nur für die Tiere, sondern auch für Cal ist die Farm ein Ort, wo es sich leben lässt. Allerdings gilt dies nur mit Einschränkungen, wie Cals Bericht von der Zerlegung ungeborener Kälber im Mutterleib deutlich macht. Der Bauernhof ist alles andere als eine ländliche Idylle. Dass auch die Menschen hier nicht sicher sind, zeigt der Mord an Robert Morton. Es gibt in Cals nordirischer Heimat nirgendwo einen geschützten Bereich, der ein normales Leben garantiert.

Marcellas Bibliothek bildet ebenfalls ein symbolisches Gegengewicht zum Schlachthofgeschehen. Dieser Ort repräsentiert eine mittelständische Kultur, die Cal von Haus aus fremd ist, der er sich aber um Marcellas willen anzunähern versucht. Um ihr einen Gefallen zu tun, lässt er sich auf die Lektüre eines Romans von Dostojewski ein, der bezeichnenderweise den Titel „Schuld und Sühne" trägt. Crillys missglückter Anschlag auf die Bücherei richtet sich nicht nur gegen staatliches Eigentum, sondern ist auch ein Angriff auf Bevölkerungsschichten, die von vielen Republikanern mit protestantisch-britischen Wertvorstellungen in Verbindung gebracht werden. Indem Cal die Zerstörung der Bücherei verhindert, wendet er sich gegen brutale Gewalt und distanziert sich von der Grausamkeit, die in der Schlachthofszene sinnbildlich zum Ausdruck kommt.

Der Voyeur (S. 90–92)

Durch die Flucht aus der Stadt hat sich Cal der Kontrolle durch Crilly und Skeffington entzogen und ist Marcella räumlich nahe gekommen. Abends kann er das Klappern des Geschirrs hören, wenn bei den Mortons abgewaschen wird, und er bleibt sogar wach, um zu beobachten, wie in den Zimmern das Licht angeht, in der Hoffnung, einen Blick auf Marcella zu erhaschen.

Mit Bildern aus der Astronomie beschreibt Cal seine Lage: "[…] the house was the earth and the cottage the moon orbiting it." Er spürt die Anziehungskraft („the enormous pull"), die Marcella auf ihn ausübt, aber dennoch ist sie „light years away from him". Zwischen ihnen liegt der kalte Weltraum („cold space"). (S. 90 f.) Sie werden sich wie Erde und Mond niemals berühren, denn: "slaying her husband put him on the outer edge of the galaxy." (S. 92)

Cal erlebt diesen Schwebezustand zwischen Annäherung und Distanz als Folge seiner Sünde. Nach Father Brolleys Definition bedeutet "sin […] outlawing yourself from God". (S. 91) So wie der Mensch sich selbst der Gegenwart Gottes beraubt, fühlt sich Cal aus Marcellas Nähe verbannt: "And every one of his actions distanced himself a little more – touching her in church, spying on her in her bathroom." (S. 92) Dennoch kann er dem Drang, ihr nahe zu sein, nicht widerstehen; er wird zum Voyeur und beobachtet sie heimlich. Ihm ist natürlich bewusst, dass er sich damit der Gefahr aussetzt, entdeckt zu werden. Dies wäre das Ende aller seiner Zukunftsträume. Er würde nicht nur seine Arbeit verlieren, sondern sich auch Marcellas Verachtung zuziehen. Wenn er trotzdem ein solches Risiko eingeht, so zeigt dies die Zwiespältigkeit seiner Emotionen: Einerseits gibt er dem Wunsch nach, Marcellas Körper zu betrachten, andererseits ist ihm klar, dass er sie damit auf unanständige Weise hintergeht. Ihre Ahnungslosigkeit kommt ihm zu Bewusstsein, als er sie eine Melodie summen hört, und er fühlt sich „like the biggest shit on earth." Während er in gebückter Haltung zu seiner Behausung zurückeilt, beschimpft er sich mit französischen Flüchen.

Der Selbsthass, den Cal am Ende dieser Szene artikuliert, hat nicht nur religiöse Wurzeln, sondern legt auch eine politisch-psychologische Deutung nahe. Mit dem voyeuristischen Akt eignet Cal sich etwas an, das ihm nicht zusteht: "He was in love with the one woman in the world who was forbidden him." Marcella ist durch ihre Ehe mit Robert und das gemeinsame Kind die Erbin des protestantischen Mortonschen Familienbesitzes. Sie zu begehren verletzt ein Tabu und überschreitet eine durch die gesellschaftlichen Verhältnisse gegebene Grenze. Die Ehe mit Robert würde durch eine Vereinigung des irisch-katholischen Cal mit der römisch-katholischen Marcella ersetzt, ein Bündnis, das auf der verbrecherischen Beseitigung des legitimen protestantischen Partners beruht. Im protestantisch geprägten soziokulturellen Milieu Nordirlands fordert eine solche Konstellation schwerste Sanktionen heraus. Cal deutet dies an, wenn er formuliert: "She was an unattainable idea because he had helped kill her husband."

Cals Albträume (S. 34, 106 f., 152)

Cals Albträume geben in symbolisch verschlüsselter Form Auskunft über das, was in ihm vorgeht. Allen drei Traumszenarien ist ein Gefühl völliger Hilflosigkeit gemeinsam. Immer handelt es sich um Gefahrensituationen mit katastrophalem Ausgang.

Im ersten Traum (S. 34) sieht Cal ein junges Mädchen nackt und im Zustand sexueller Erregung am Fenster stehen. In der Absicht, ihm zu helfen, klettert Cal in das Zimmer. Das Mädchen gerät bei seiner Annäherung in Panik, springt aus dem Fenster und landet aufgespießt auf den Gitterstäben eines Zaunes. Dieser Traum, der Cal über einen längeren Zeitraum verfolgt, hat prophetischen Charakter. In dem Mädchen ist unschwer Marcella zu erkennen. Ihre Nacktheit und ihre Erregung weisen auf die Rolle hin, die sie bei der ersten sexuellen Begegnung spielen wird. Im Traum empfindet sie seine Annäherung als Bedrohung, zumal er einen Revolver in der Hand hält. Diese Konstellation entspricht der von Cal so gefürchteten Entdeckung seiner Tat durch Marcella, zu der es im Roman nicht mehr kommt. Ihre panische Angst und ihr schreckliches Ende spiegeln die Gewissensnot wider, von der Cal seit dem Mord beherrscht wird.

Im zweiten Traum (S. 106/107) mischen sich Einzelheiten aus Cals Gesprächen mit Marcella (ihr Urlaub in Rom) mit Erinnerungen an seine Schulzeit (Schulaufführung von *Julius Caesar*). Unter den in der römischen Bahnhofshalle umhergehenden, in antike Gewänder gekleideten Blinden ist Marcella der einzige Mensch, der sehen kann, ein Hinweis sowohl auf ihre gesellschaftliche Außenseiterrolle wie auch auf ihre klarsichtigen politischen Überzeugungen (siehe Nordirlandkonflikt, S. 58 ff.). Das Bild des zwischen den Schienen liegenden Mannes mit den ausgestreckten Armen „in the shape of a crucifix“ ist eine Anspielung auf den Opfertod Christi (siehe Sprache, Stil, Symbolik, S. 50 f.). Dass Cal sich mit dieser Figur identifiziert, wird deutlich, als er selbst den Schmerz der über die Handgelenke des Mannes hinwegrollenden Räder verspürt. Marcella nimmt die furchtbare Lage des Mannes nicht wahr: “she didn’t seem interested in the plight of the man." Indem Cal Marcella auf den Mann aufmerksam zu machen versucht, drückt er noch einmal den Wunsch aus, sie möge ihm helfen, aber gleichzeitig muss er erkennen, dass sie dazu nicht imstande ist. Der Traum endet mit einem herabströmenden Blutregen, einem Bild, das an die Blutmetaphorik der Schlachthofszene anknüpft. Dementsprechend taucht das auffällige Dialektwort „jap" im Zusammenhang mit „blood" wieder auf (siehe Interpretation von Schlüsselstellen, S. 64): "They [blood-drops] japped and streaked the white togas of the crowd with slashes of red."

Die Deutung des dritten Albtraums (S. 152) ergibt sich aus dem Zusammenhang, in den er eingebettet ist: Cal sucht Marcellas Nähe, nachdem er mit knapper Not der Verhaftung entgehen konnte. Er ahnt, dass sie ein letztes Mal zusammen sind, und möchte ihr zum Abschied alles erklären: "He wanted to be open and honest with her and tell her everything. To explain how the events of his life were never what he wanted, how he seemed unable to influence what was going on around him." Der an dieser Stelle eingeblendete Traum bringt das Gefühl seiner Ohnmacht in einer symbolisch verdichteten Situation zum Ausdruck. Am Steuer eines dahinrasenden Autos sitzend, ist Cal nicht in der Lage, die Fahrtrichtung zu beeinflussen. Früher oder später muss es zu einer Katastrophe kommen, weil die Lenkung versagt: "he would spin it [steering wheel] round and round like a ship's wheel but nothing would happen." Meist endet der Traum damit, dass Cal in eine Mauer oder ein entgegenkommendes Fahrzeug hineinrast. Einmal jedoch sieht er, wie ein Kind „with bright amazed eyes" unter dem Wagen verschwindet, und spürt die Räder über Fleisch und Knochen holpern. Diese furchtbarste Version des Traumes lässt den Leser das ganze Ausmaß von Cals Verzweiflung nachempfinden. Der erstaunte Blick des unschuldigen Kindes, das nicht versteht, was mit ihm geschieht, und das schreckliche Gefühl, das Cal beim Überrollen des kleinen Körpers spürt, sind für ihn kaum zu ertragen. Er erwacht mit einem Schrei in der Kehle („he woke roaring in his throat“).

Dieses Szenario, das sicherlich durch die kleine Lucy mit ausgelöst ist, spiegelt die Ausweglosigkeit seiner Lage. Cal ist nicht Herr über das Geschehen, sondern den Umständen hilflos ausgeliefert. Im Kontext des Romans kommt dem Traum eine exemplarische Bedeutung zu. Was Cal hier widerfährt, gilt in gleicher Weise für alle, die in ihrem Leben keine Möglichkeit haben, über sich selbst frei zu bestimmen. Was immer sie auch tun, sie werden zu den Verlierern des mörderischen Kampfes gehören.

Der Abschied (S. 153/154)

Im Gegensatz zum Film (siehe S. 74 f.) lässt Cal Marcella im Roman bis zum letzten Augenblick über seine Beteiligung an Roberts Ermordung im Unklaren. Daher ist der Abschied der beiden von einem ungelösten Problem überschattet. Marcella und Cal reden im Grunde aneinander vorbei. Sie ist mit ihrem Verhältnis zu den Mortons und der Entscheidung über ihre Zukunft beschäftigt, während seine Gedanken schon bei der bevorstehenden Verhaftung sind. Cal nimmt die Einladung zum Weihnachtsmahl zwar an, ahnt aber, dass er nicht daran teilnehmen wird: “he had the feeling he would never be there.”

Marcella jetzt noch zu erzählen, was ihn bewegt, verbietet sich von selbst. Es wäre zu kompliziert, ihr sein ganzes Leben zu erklären, und würde für beide alles zerstören. Als Marcella eingeschlafen ist, kreisen Cals Gedanken noch einmal um die Frage, die ihn schon lange quält: Kann ein Verhältnis wie seine Liebe zu ihr ohne Aufrichtigkeit auskommen? Die Zutraulichkeit, mit der sie sich im Schlaf an ihn schmiegt, lässt ihn noch einmal fühlen, wie sehr er sie hintergangen hat. Vielleicht, so überlegt er, könnte er ihr schriftlich mitteilen, was sein Gewissen belastet. Dagegen spricht, dass er sie damit zur Mitwisserin eines Verbrechens machen und so vor die schwierige Entscheidung stellen würde, ob sie die Polizei informieren soll oder nicht. Und so setzt er seine Hoffnung darauf, ihr später aus dem Gefängnis einen Brief schreiben zu können.

Als er Marcella schließlich spät in der Nacht verlässt, schläft sie noch immer und wehrt seine Berührungen sanft ab: "He reached out his hand and touched her moistness but she grumbled in her sleep and jack-knifed, closing him out." Mit dieser Geste der Zurückweisung deutet der Erzähler einen Rest von Fremdheit an, der zwischen den beiden bestehen bleibt. Marcella verschließt sich in diesem Augenblick vor Cal, so wie er sich ihr gegenüber niemals ganz offenbaren konnte.

Der Wetterumschlag, den Cal auf dem Weg zu seiner Behausung wahrnimmt, ist ein Hinweis auf die bevorstehende radikale Änderung seiner Lebenssituation. Mit einem plötzlichen Wintereinbruch hatte der Tag begonnen, an dem Marcella zu Cal gekommen war und sie sich zum ersten Mal geliebt hatten. Während der Zeit ihres glücklichen Zusammenseins hatte die Frostperiode angehalten. Jetzt kündigt das Tauwetter das Ende dieser Tage an. Der Himmel ist stürmisch, auf dem Fußweg schmilzt der Schnee: "Everywhere was the sound of dripping and clinking and gurgling." Das schlechte Wetter ist ein Vorbote der Ereignisse des nächsten Morgens.

Der letzte kurze Absatz kommt nicht überraschend, hat aber wegen des lapidaren Stils – die Ereignisse und Cals Reaktion werden in einem Satz zusammengefasst – eine schockartige Wirkung auf den Leser. Cal ist dankbar für seine Verhaftung, denn sie stellt die einzige Lösung dar, die einen Neuanfang ermöglicht (siehe Personen, S. 30). Die „dead man's Y-fronts", mit denen er bekleidet ist, erinnern nicht nur an den Mord als solchen, sondern vor allem daran, dass er die Stelle des Ermordeten eingenommen und Marcella getäuscht hat. Nun ist der Augenblick gekommen, um den Preis dafür zu bezahlen.

Cal als Film

Die Verfilmung des Romans entstand 1984 unter der Regie von Pat O'Connor mit John Lynch und Helen Mirren in den Hauptrollen. Die Außenaufnahmen wurden in der Republik Irland gedreht. Nicht zuletzt dank der Mitarbeit von MacLaverty gelang eine kongeniale Umsetzung der literarischen Vorlage. Buch und Film stimmen sowohl hinsichtlich der Gesamtaussage als auch in den wichtigen Details auf bemerkenswerte Weise überein.

Mit einer an einen Dokumentarfilm erinnernden Genauigkeit werden die Schauplätze der Handlung nachgestellt. Die zahlreichen Alltagssequenzen, etwa die Arbeit im Schlachthof oder auf dem Kartoffelacker, wirken absolut authentisch. Typische Szenerien, z. B. die weitläufige Farm mit massivem Wohnhaus, Ställen und anderen Nebengebäuden oder die sie umgebende Landschaft, sind atmosphärisch genau wiedergegeben. Ergänzt wird die Kulisse durch detailgetreue Rekonstruktionen der verschiedenen Interieurs: Die auf Familientradition bzw. bürgerlichen Wohlstand verweisenden Inneneinrichtungen des Farmgebäudes oder des Skeffingtonschen Wohnhauses stehen in schroffem Gegensatz zu den bescheidenen Räumlichkeiten der Mc Cluskeys oder Dermot Ryans, von Cals verfallener Hütte ganz zu schweigen.

Auch Cals Heimatstadt wird eindrucksvoll in Szene gesetzt. Baufällige Industrieanlagen, heruntergekommene Straßenzüge, die charakteristischen Häuserzeilen der ärmeren Wohnviertel, das rauchgeschwärzte Büchereigebäude und viele andere Einzelheiten weisen auf eine wirtschaftlich schwache Region ohne Zukunftschancen hin. Von den düsteren, oft nur spärlich beleuchteten Bildern von Straßensperren, schwer bewaffneten

Soldaten, Polizeikontrollen und mit Sirenengeheul dahinrasenden Militärfahrzeugen geht eine bedrohliche Wirkung aus.

Darstellungen von Gewalt und Gesetzlosigkeit nehmen einen breiten Raum ein. Sie wirken im Film naturgemäß noch brutaler als durch die rein sprachliche Schilderung. Ein Beispiel ist die ausführlich wiedergegebene Szene, in der Cal von drei loyalistischen Jugendlichen – einer hat sich mit der britischen Fahne geschmückt – verprügelt wird. Gewaltsignale gehen auch von der kurz eingeblendeten Oranierparade aus, die der Beschreibung in Marcellas Tagebuch entspricht. (Die Parade passt streng genommen nicht in das Zeitschema des Romans. Solche Umzüge finden traditionsgemäß um den zwölften Juli statt, während der Roman im Herbst spielt.) Man sieht die Straßenbeflaggung, die schwarz gekleideten Männer mit ihren Bowlerhüten, die riesigen Trommeln, die mit langen Stöcken geschlagen werden, und man hört den ohrenbetäubenden Lärm.

Was die Akteure betrifft, so kann man sich sicherlich andere, aber kaum bessere Charakterdarstellungen denken. Sogar die schichtenspezifischen Varianten des nordirischen Dialektes werden sorgfältig unterschieden. Cal und Shamie sprechen anders als Skeffington, Mrs Morton oder Marcella, wobei z. B. die Feinheiten der Differenzierung zwischen Katholiken und Protestanten dem Filmpublikum größtenteils verborgen bleiben dürften. Der Klassengegensatz zwischen Cal auf der einen und Mrs Morton bzw. Marcella auf der anderen Seite wird auch in der Art ihres Auftretens sichtbar. Mrs Morton kehrt eine herrschaftliche Attitüde hervor, während Marcella ein durch Bildung und Erziehung bedingtes Selbstvertrauen an den Tag legt, das auf Cal anfangs geradezu einschüchternd wirkt.

Es liegt in der Natur des Mediums Film, dass die Konzentration der Erzählperspektive auf Cals Sichtweise nicht durchgängig beibehalten werden kann. Der Film muss an vielen Stellen auf die Wiedergabe von Bewusstseinsinhalten verzichten, die im Buch explizit dargestellt sind. Daher fällt eine ganze Reihe von Szenen und Dialogen weg, etwa das Belauschen Marcellas am Badezimmerfenster oder das Beerenpflücken. Andererseits stehen durchaus filmische Mittel zur Verfügung, um Cals Blickwinkel auf die Ereignisse in Bildsequenzen umzusetzen. So werden seine Selbstvorwürfe dadurch verdeutlicht, dass kurze, manchmal nur wenige Sekunden dauernde Rückblenden auf die Mordszene in den Handlungsablauf eingefügt werden.

Anders als im Roman stehen im Film die dramatischen Minuten des Anschlags auf Robert Morton ganz am Anfang. Wir sehen, wie der junge Morton und sein Vater von Crilly angeschossen werden, und hören den Verzweiflungsschrei nach Marcella. Im weiteren Verlauf werden kurze Momente dieses Vorgangs immer dann eingeblendet, wenn Cal sich in seiner Behausung oder bei Begegnungen mit Marcella an den Mord erinnert, z. B. während der Koitusszene. Schon bei seinem ersten Besuch in der Bücherei erfährt Cal dann nicht nur Marcellas Namen, sondern auch, wer sie ist, sodass der Zuschauer bereits jetzt einen Zusammenhang zwischen Cals augenblicklichem Verhalten und seiner Vergangenheit herstellen kann.

Ein genauer Vergleich zwischen Buch und Film würde eine Vielzahl von scheinbar nebensächlichen, in Wahrheit aber sehr geschickt konzipierten Abweichungen aufzeigen. Als Beispiel sei hier der Abschied des Ehepaares Morton erwähnt. Bei Mr Mortons Abtransport mit einem Krankenwagen wird im Film folgende kurze Episode eingeblendet: Der alte Herr blickt Cal aufmerksam ins Gesicht und bringt dann mühsam den Satz heraus: "You are a good boy." Was er sich dabei denkt, wissen wir nicht, wohl aber, wie diese Äußerung auf Cal wirkt. Kurze Zeit später sieht man ihn, wie er, in seinem Sessel sitzend, eine brennende Zigarette in der Hand zerdrückt. Offenbar haben ihn Mr Mortons Worte so sehr getroffen, dass er das Bedürfnis hat, sich durch den selbst zugefügten Schmerz zu bestrafen.

Nicht ganz nachvollziehbar ist dagegen, warum als Schauplatz für die zufällige Begegnung zwischen Cal und Crilly, bei der letzterer die Brandbombe versteckt, ein beliebiger Buch- und Schreibwarenladen ausgewählt wurde statt, wie im Roman, Marcellas Bücherei. Konsequenterweise entfällt im Film Cals Anruf bei der Polizei, denn es geht nun nicht mehr darum, durch die Verhinderung des Anschlags etwas für Marcella zu tun und ihretwegen das Risiko einzugehen, von der IRA als Verräter bestraft zu werden. Um dennoch Cals Willen zur Wiedergutmachung zu unterstreichen, wird in die Abschiedsszene des Films ein Satz eingefügt, der Cals Aufopferungsbereitschaft betont. Er sagt zu Marcella: "I would die for you." Dieses Bekenntnis, das an ein früher geführtes Gespräch der beiden anknüpft, ersetzt die ausführliche Schilderung des letzten Zusammenseins im Roman.

Auch in einem anderen wichtigen Detail weicht der Film am Schluss von der literarischen Vorlage ab. Während Marcella im Roman bei Cals Verhaftung nicht anwesend ist, erfährt sie in der letzten Szene des Films, dass er an Roberts Ermordung teilgenommen hat. Als Zuschauer sehen wir zunächst, wie Cal nach der Begegnung mit Crilly im Buchladen von diesem zu einem Auto geschleppt wird, in dem Skeffington ihn erwartet. Als der Wagen in eine Straßensperre gerät, verliert der Fahrer die Nerven und startet durch. Die Soldaten eröffnen das Feuer und stoppen das Fahrzeug. Skeffington ist bereits tot, als sie ihn herauszerren, Crilly und der Fahrer werden verhaftet. Cal kann in der Dunkelheit entkommen, aber Crilly ruft ihm nach und gebraucht dabei absichtlich den Namen Mc Cluskey. Während Cal über die Felder hetzt, sieht man, wie ein Militärfahrzeug seine Verfolgung aufnimmt. Völlig erschöpft erreicht er die Farm. Marcella öffnet ihm, aber anstatt das Haus zu betreten, sagt er zu ihr: "I have to go." Es kommt zu folgendem Dialog:

Marcella: *Are you in trouble?*

[...]

Cal: *I would die for you ... Remember you asked me if I'd ever done anything really bad? Well, I have, a while ago, a year ago ...*

Marcella: *No, don't.*

Cal: *I want to tell you, but I can't. Remember that ... remember that ...*

Mit dem „No, don't" wird klar, dass Marcella ahnt, was Cal ihr sagen will. Während der brutalen Behandlung Cals durch die Soldaten sieht sie schweigend zu. Eine der letzten Einstellungen zeigt, wie sie regungslos dasteht und dem davonfahrenden Wagen nachblickt, der ihn zum Gefängnis bringt.

Im Vergleich zum Roman kommt Marcella im Film eine bedeutendere Rolle zu. Am Ende ist nicht nur Cal, sondern auch Marcella Opfer der Ereignisse. Zwar sind die zu erwartenden Folgen für ihn gravierender, aber auch sie wird lange brauchen, bis ihre Wunden verheilen. Insgesamt entspricht die Schlusssequenz der stärkeren Konzentration des Films auf die Paarbeziehung der beiden Hauptcharaktere.

Literaturhinweise

Primärtext

MACLAVERTY, BERNARD: *Cal.* Vintage, Random House: London 1998.
Diese Ausgabe wurde für alle Seitenangaben herangezogen, die sich auf den Primärtext beziehen.

Sekundärtexte

OESER, HANS-CHRISTIAN: *Bernard MacLaverty.* In: Kritisches Lexikon zur fremdsprachigen Gegenwartsliteratur, hg. v. Heinz Ludwig Arnold, Edition Text und Kritik: München 1983, Bd. 4, Nov. 1994, S. 1–8.
Biografische Übersicht und kritische Darstellung des bis 1983 erschienenen Gesamtwerks.

BURGER, GÜNTER: *Ein Nordirlandroman im fortgeschrittenen Fremdsprachenunterricht: Bernard MacLavertys Cal.*
Die Neueren Sprachen, Bd. 86, Heft 2 (1987), S. 101–116.
Kurzinterpretation mit didaktisch-methodischen Überlegungen.

GANTER, CHRISTIAN J.: *Bernard MacLaverty in Interview.*
In: Anglistik, Mitteilungen des Verbandes Deutscher Anglisten, 7. Jg., Heft 2 (1996), S. 5–22.
Interview über Leben und Werk mit Antworten u. a. zu *Cal* (Entstehung, Personen, Intention, Stil, politische Situation).

GANTER, CHRISTIAN J.: *Hoffnung wider die Hoffnungslosigkeit. Das Irlandbild im Erzählwerk Bernard MacLavertys.* Peter Lang, Europäischer Verlag der Wissenschaften: Frankfurt am Main 1999.

Ausführliche Untersuchung der literarischen und kulturwissenschaftlichen Aspekte des Gesamtwerks bis 1998 mit einer Analyse der Darstellung des Nordirlandkonfliktes in *Cal.*

Anmerkungen

1 Ganter: *Interview*, S. 14 f. bzw. 21 (siehe Literaturhinweise)
2 Nach Auskunft MacLavertys handelt es sich um Moneymore, County Londonderry (siehe Kartenskizze S. 13). In einer Mitteilung an den Verfasser dieser Interpretationshilfe schreibt er: "There is no important reason for this – except that it is the town where my wife, Madeline, grew up and I came to know it quite well. It has a library and churches and pubs and good people and is surrounded by lovely countryside." Der Geburtsname von MacLavertys Ehefrau, Mc Guckin, taucht ebenfalls in *Cal* auf, wo ein Fußballspieler diesen Namen trägt. (S. 40)
3 Ganter: *Interview*, S. 13
4 so Christian J. Ganter in: *Hoffnung wider die Hoffnungslosigkeit*, S. 109 (siehe Literaturhinweise)
5 Ganter: *Interview*, S. 13
6 Ganter: *Hoffnung wider die Hoffnungslosigkeit*, S. 283
7 Ganter: *Hoffnung wider die Hoffnungslosigkeit*, S. 316
8 Ganter: *Hoffnung wider die Hoffnungslosigkeit*, S. 273
9 Oeser: *Bernard MacLaverty*, S. 7 (siehe Literaturhinweise)

STARK Interpretationshilfen und Trainingsbände

für die Oberstufe

Deutsch Interpretationen

Deutsch – Interpretationshilfen 1

Aus dem Inhalt: Goethe: *Faust, Iphigenie;* Schiller: *Maria Stuart, Wallenstein, Don Carlos;* Tieck: *Der blonde Eckbert;* E.T.A. Hoffmann: *Der goldne Topf;* Kleist: *Michael Kohlhaas, Prinz Friedrich von Homburg;* Eichendorff: *Aus dem Leben eines Taugenichts;* Büchner: *Woyzeck, Lenz;* Mörike: *Mozart auf der Reise nach Prag;* Fontane: *Effi Briest, Frau Jenny Treibel;* Hebbel: *Maria Magdalena;* Hauptmann: *Rose Bernd, Bahnwärter Thiel*

■ .... Best.-Nr. 94407

Deutsch – Vom Expressionismus bis zur Literatur der DDR

Aus dem Inhalt: Trakl: *Grodek;* Benn: *Mann und Frau gehen durch die Krebsbaracke;* Döblin: *Berlin Alexanderplatz;* Kästner: *Sachliche Romanze;* Rilke: *Der Panther;* Brecht: *Der gute Mensch von Sezuan;* Horváth: *Geschichten aus dem Wiener Wald;* Kafka: *Der Prozeß, Die Verwandlung;* H. Mann: *Der Untertan;* Musil: *Die Verwirrung des Zöglings Törleß;* Seghers: *Das siebte Kreuz;* Enzensberger: *Fremder Garten;* Bachmann: *Reklame;* Böll: *Die verlorene Ehre der Katharina Blum;* Dürrenmatt: *Die Physiker;* Frisch: *Homo faber;* Grass: *Die Blechtrommel;* Walser: *Ein fliehendes Pferd;* Weiss: *Verfolgung und Ermordung Jean Paul Marats;* Brecht: *Böser Morgen;* Biermann: *Und als wir ans Ufer kamen;* Wolf: *Kassandra*

■ .... Best.-Nr. 94408

Interpretationshilfen zu Einzellektüren:

Brecht: *Der aufhaltsame Aufstieg des Arturo Ui* .... Best.-Nr. 2400281
Brecht: *Der kaukasische Kreidekreis* .. Best.-Nr. 2400171
Brecht: *Leben des Galilei* .... Best.-Nr. 2400011
Brussig: *Am kürzeren Ende der Sonnenallee* .. Best.-Nr. 2400201
Büchner: *Dantons Tod* .... Best.-Nr. 2400121
Büchner: *Lenz* .... Best.-Nr. 2400431
Büchner: *Leonce und Lena* .... Best.-Nr. 2400261
Büchner: *Woyzeck* .... Best.-Nr. 2400041
Camus: *L'Etranger/Der Fremde* .... Best.-Nr. 2550041
Eichendorff: *Aus dem Leben eines Taugenichts* .... Best.-Nr. 2400071
Eichendorff: *Das Marmorbild* .... Best.-Nr. 2400081
Fontane: *Effi Briest* .... Best.-Nr. 2400371
Fontane: *Irrungen Wirrungen* .... Best.-Nr. 2400401
Frisch: *Homo faber* .... Best.-Nr. 2400031
Goethe: *Faust I* .... Best.-Nr. 2400511
Goethe: *Gedichte (1771–1783)* ...... Best.-Nr. 2400181
Goethe: *Die Leiden des jungen Werther* .... Best.-Nr. 2400051
Hein: *Der fremde Freund/Drachenblut* ...... Best.-Nr. 2400061
Kafka: *Der Proceß* .... Best.-Nr. 2400481
Kafka: *Die Verwandlung/Das Urteil* .. Best.-Nr. 2400141
Keller: *Romeo und Julia auf dem Dorfe* .... Best.-Nr. 2400321
Kerner: *Blueprint. Blaupause* .... Best.-Nr. 2400391
Kleist: *Michael Kohlhaas* .... Best.-Nr. 2400111
Lessing: *Emilia Galotti* .... Best.-Nr. 2400191
Lessing: *Nathan der Weise* .... Best.-Nr. 2400501
Th. Mann: *Der Tod in Venedig* .... Best.-Nr. 2400291
Th. Mann: *Tonio Kröger/ Mario und der Zauberer* .... Best.-Nr. 2400151
Nooteboom: *Die folgende Geschichte* Best.-Nr. 2400251
Sartre: *Huis clos/ Geschlossene Gesellschaft* .... Best.-Nr. 2550051
Schiller: *Don Carlos* .... Best.-Nr. 2400161
Schiller: *Kabale und Liebe* .... Best.-Nr. 2400231
Schiller: *Die Räuber* .... Best.-Nr. 2400421
Schiller: *Maria Stuart* .... Best.-Nr. 2400271
Schlink: *Der Vorleser* .... Best.-Nr. 2400101
Schneider: *Schlafes Bruder* .... Best.-Nr. 2400021
Schnitzler: *Traumnovelle* .... Best.-Nr. 2400311
Sophokles: *Antigone* .... Best.-Nr. 2400221
Storm: *Der Schimmelreiter* .... Best.-Nr. 2400381
Strittmatter: *Raabe Baikal* .... Best.-Nr. 2400241
Süskind: *Das Parfum* .... Best.-Nr. 2400091
Timm: *Die Entdeckung der Currywurst* .... Best.-Nr. 2400301
Vanderbeke: *Das Muschelessen* .... Best.-Nr. 2400331
Zweig: *Schachnovelle* .... Best.-Nr. 2400441

Deutsch Training

Training Methoden Deutsch .... Best.-Nr. 944062
Analyse von Sachtexten und Erörterung .... Best.-Nr. 944094
Abitur-Wissen Erörtern und Sachtexte analysieren .... Best.-Nr. 944064
Abitur-Wissen Textinterpretation Lyrik, Drama, Epik .. Best.-Nr. 944061
Abitur-Wissen Deutsche Literaturgeschichte .... Best.-Nr. 94405
Abitur-Wissen Prüfungswissen Oberstufe .... Best.-Nr. 94400
Deutsch 11. Klasse .... Best.-Nr. 90405
Aufsatz Oberstufe .... Best.-Nr. 84401
Kompakt-Wissen Rechtschreibung ...... Best.-Nr. 944065
Lexikon Autoren und Werke .... Best.-Nr. 944081

(Bitte blättern Sie um)